GESTIONNAIRES INSPIRANTS

LES **10 RÈGLES** DE COMMUNICATION DES LEADERS

Isabelle Lord

GESTIONNAIRES **INSPIRANTS**

LES **10 RÈGLES** DE COMMUNICATION DES LEADERS

Préface de Marie-Thérèse Fortin

Les Éditions
LOGIQUES
Une compagnie de Quebecor Media

Catalogage avant publication de Bibliothèque et Archives nationales du Québec et Bibliothèque et Archives Canada

Lord, Isabelle, 1961-
Gestionnaires inspirants : les dix règles de communication des leaders
Comprend des réf. bibliogr.
ISBN 978-2-89644-009-2
1. Communication en gestion. 2. Communication en gestion - Problèmes et exercices. I. Titre.

HD30.3.L67 2011 658.4'5 C2010-942569-3

Édition : Miléna Stojanac
Révision linguistique : Carole Mills
Correction d'épreuves : Nicolas Therrien, Marie-Eve Gélinas
Couverture : Shawn Bedford, Gauthier Designers
Grille graphique intérieure : Axel Pérez de León
Mise en pages : Bruno Lamoureux
Photo de l'auteure : Sarah Scott

Remerciements
Nous reconnaissons l'aide financière du gouvernement du Canada par l'entremise du Fonds du livre du Canada pour nos activités d'édition.
Gouvernement du Québec – Programme de crédit d'impôt pour l'édition de livres – gestion SODEC.

Les Éditions Logiques
Groupe Librex inc.
Une compagnie de Quebecor Media
La Tourelle
1055, boul. René-Lévesque Est
Bureau 800
Montréal (Québec) H2L 4S5
Tél. : 514 849-5259
Téléc. : 514 849-1388
www.edlogiques.com

Dépôt légal – Bibliothèque et Archives nationales du Québec et Bibliothèque et Archives Canada, 2011

ISBN : 978-2-89644-009-2

Distribution au Canada
Messageries ADP
2315, rue de la Province
Longueuil (Québec) J4G 1G4
Tél. : 450 640-1 234
Sans frais : 1 800 771-3022
www.messageries-adp.com

Diffusion hors Canada
Interforum
Immeuble Paryseine
3, allée de la Seine
F-94854 Ivry-sur-Seine Cedex
Tél. : 33 (0) 1 49 59 10 10
www.interforum.fr

Remerciements

Des gestionnaires inspirants, ça existe : j'en ai rencontré ! Je tiens à les remercier d'avoir été des modèles : Michel Clair, Marjorie Poitras et Marie-Thérèse Fortin, qui a accepté de préfacer ce livre. Je pense aussi avec reconnaissance à tous les gestionnaires inspirants que j'ai croisés dans mes formations et qui m'ont donné envie d'écrire cet ouvrage. Je remercie, pour leurs précieux conseils, Solange Cormier, Jean-Pierre Fortin et Richard Messier. Ma gratitude va également à mes collègues et amis qui ont commenté le manuscrit : Martine Lajeunesse, Claire Aubert et Daniel Guay, ainsi qu'à mon éditrice Miléna Stojanac et à l'équipe des Éditions Logiques. Mes complices de Gauthier Designers doivent aussi être remerciés : Lisa Tremblay, Nathalie Vézina et Shawn Bedford. Un merci tout spécial va à deux personnes sans qui ce livre n'existerait tout simplement pas : Alain Gosselin et Marc Tremblay.

Je remercie finalement les hommes de ma vie pour leur amour inconditionnel : Daniel, Félix et Robin.

Sommaire

Préface

J'ÉTAIS COMÉDIENNE, PIGISTE et mère de deux jeunes enfants quand j'ai posé ma candidature pour diriger la plus grosse compagnie de théâtre à Québec. Je n'avais pas d'expérience de gestionnaire, ce qui ne m'a pas empêchée de me retrouver du jour au lendemain codirectrice générale d'une compagnie majeure. J'y ai passé six années formidablement formatrices au cours desquelles j'ai relevé bien des défis. Puis je suis partie pour Montréal, où m'attendaient de nouveaux projets, de comédienne cette fois. J'allais retrouver mon premier métier, jusqu'à ce que, apprenant mon déménagement, le Théâtre d'Aujourd'hui m'offre de prendre sa direction…

Aujourd'hui, après treize ans à la direction de compagnies de théâtre, je suis bien obligée de convenir que je suis devenue gestionnaire, tout en continuant de pratiquer mon métier de comédienne. Comme tant d'autres gestionnaires, je ne suis pas passée par une école, j'ai appris sur le tas. Mais je n'ai pas tardé à comprendre à quel point la communication jouait un rôle primordial dans mon poste. Et si la comédienne savait comment communiquer des émotions, un texte, un personnage sur scène, elle était moins habile à communiquer au sein d'une équipe de gestion.

Comme j'aurais aimé, au moment de prendre la direction de ces théâtres, avoir cet outil indispensable auquel Isabelle Lord a travaillé et que vous tenez dans vos mains ! J'aurais voulu disposer d'un tel guide, d'une base de réflexion, d'un cadre d'analyse pour m'aider à comprendre, m'accompagner dans la réalisation de mes objectifs et, plus largement, de mes projets, dans un esprit de cohésion et de leadership éclairé.

Nous avons toutes et tous des qualités personnelles, des atouts qui servent notre rôle de gestionnaire et que nous pouvons, avec juste assez d'instinct et passablement de conviction, mettre à profit, mais je crois qu'il est opportun de s'arrêter pour réfléchir à notre façon de communiquer à l'intérieur de nos entreprises et poser un diagnostic objectif.

Isabelle Lord nous donne des outils pour le faire, pour peser, mesurer, évaluer les différents aspects d'une bonne communication et, surtout, pour élaborer des stratégies afin de consolider nos acquis et de développer de nouvelles façons de faire.

Je n'ai pas étudié en gestion ni suivi de stage, mais j'ai eu des modèles de leaders. Des gens qui m'inspiraient parce que je sentais, dans leur discours et leurs actions, qu'il y avait une parfaite adéquation entre ce qu'ils voulaient faire et la façon dont ils comptaient y arriver ; ils possédaient une totale compréhension des enjeux, ils étaient en possession de leurs moyens, ils étaient préparés à exécuter chaque étape de réalisation et, s'ils ne savaient pas encore comment s'y prendre, ils savaient à quoi ils s'attaquaient et nous entraînaient par la force de leur conviction dans leur sillage. Ce qui n'excluait pas le doute, les écueils, les remises en question et les ajustements ; tout cela fait partie d'une démarche novatrice.

Mes modèles me donnaient toujours l'impression que, quelles que soient les difficultés rencontrées, le but à atteindre était clair et chaque étape pleinement réfléchie,

Introduction

LE GESTIONNAIRE INSPIRANT s'oppose au gestionnaire autoritaire, et son style de leadership est plus approprié à la flexibilité dont doivent faire preuve nos organisations en perpétuelle mutation – fusion, déménagement, réorganisation, implantation de nouvelles technologies, de nouveaux processus, etc. De fait, les changements incessants auxquels employés et patrons doivent s'adapter pour maintenir leur productivité et leur compétitivité ont fait ressortir le rôle clé du gestionnaire : le succès avec lequel seront implantés les changements repose sur ses épaules. Le gestionnaire ne peut plus être une simple courroie de transmission qui traduit en ordres les décisions prises « en haut ». C'est à lui qu'incombe plutôt la tâche de donner du sens au changement pour que les employés puissent se l'approprier et y adhérer. Pour y arriver, il doit faire appel à ses habiletés de communication.

Paradoxalement, malgré l'importance capitale de la communication dans la gestion, elle est peu enseignée aux gestionnaires. Ajoutons à cela que bon nombre d'entre eux ne sont pas passés par les écoles de gestion : ce sont des experts dans leur domaine qui sont devenus gestionnaires en apprenant sur le tas. Cela n'empêche pas les organisations de tenir les gestionnaires responsables de l'impact de leur communication sur la performance de leurs équipes. C'est donc avec l'ambition de combler une lacune importante que j'ai entrepris l'écriture de ce livre, qui découle de la formation que je donne en entreprise aux cadres et aux dirigeants, de même qu'à HEC[1] Montréal.

En consultation individuelle, j'ai souvent été touchée par le déclic qui se produit chez les gestionnaires lorsqu'ils découvrent le rôle qu'a joué la communication dans certains de leurs échecs. Heureusement, cette prise de conscience est habituellement suivie du sentiment qu'il n'est pas trop tard pour changer et ils sont prêts à le faire. En les accompagnant dans ce changement en tant que coach, je suis bien placée pour mesurer l'amélioration de leurs habiletés, de leur satisfaction au travail et de leur progression professionnelle. J'aimerais, avec cet ouvrage, partager les clés d'une meilleure communication avec le plus grand nombre possible de gestionnaires, parce que je crois que nos organisations seraient plus performantes et que tout le monde y serait plus heureux, à commencer par les gestionnaires eux-mêmes, s'ils arrivaient à mieux communiquer. En bref, je veux donner aux gestionnaires, qu'ils soient chevronnés ou nouveaux, des moyens bien concrets d'améliorer leurs communications afin qu'ils deviennent des gestionnaires inspirants.

SAVOIR COMMUNIQUER FAIT PARTIE DE VOS HABILETÉS DE GESTION

Toutes vos tâches de gestion – planification, organisation, contrôle ou coordination – ne peuvent se réaliser en dehors de la communication pour la simple raison qu'elles impliquent toujours quelqu'un d'autre : les membres de

1 « Gestionnaires inspirants : 10 stratégies pour exceller dans vos communications managériales », Formation des cadres et des dirigeants, HEC Montréal.

vos équipes, vos pairs, vos patrons, un conseil d'administration, vos collaborateurs externes ou internes, vos clients, vos fournisseurs. En moyenne, les gestionnaires que je rencontre estiment consacrer 80 % de leur temps à des activités de communication.

La communication n'est pas un « mal nécessaire », elle est intrinsèque à la gestion. Mieux : elle caractérise le leadership plus que toute autre habileté. Les gestionnaires qui savent comment s'adresser aux employés arrivent plus facilement à les motiver. Quand ils annoncent un changement, ils réussissent à lui donner un sens. On les croit parce qu'ils sont crédibles, on les suit parce qu'ils inspirent confiance. À compétence égale, le gestionnaire qui maîtrise la communication passera mieux la rampe devant un conseil d'administration ou un conseil de direction : quand il présente un projet, les autres écoutent, comprennent et s'intéressent. C'est un gestionnaire inspirant autant pour ses troupes que pour ses patrons.

COMMENT DEVIENT-ON UN GESTIONNAIRE INSPIRANT ?

Comme toutes les habiletés de gestion que vous possédez déjà, celle de la communication s'acquiert et se perfectionne. Le premier pas à franchir dans cette voie consiste à se connaître soi-même, c'est pourquoi j'en fais la première règle de ce livre. Comme les autres règles, elle est liée à des actions concrètes et réalistes dans un contexte de gestion normal. Je ne m'attarderai pas sur la théorie : je crois que si vous cherchez à améliorer vos habiletés de communication, vous voulez des conseils, des trucs, des outils que vous pourrez appliquer dès demain dans les situations que vous trouvez les plus difficiles.

Si vous observez des gestionnaires que vous jugez inspirants, vous constaterez qu'ils appliquent les règles que je vous propose : ils sont conscients de leur propre façon de communiquer, ils savent à qui ils parlent et s'adaptent en conséquence. Ils sont compétents, crédibles et cohérents. Ils s'expriment clairement. Ils sont courtois et savent faire preuve d'empathie. Et, toujours, ils se préparent. Bien communiquer – les communicateurs les plus aguerris vous le diront – exige une préparation sérieuse. Je vous propose donc des stratégies pour vous préparer mentalement et une méthodologie pour préparer votre contenu en optimisant le temps alloué. Mon but n'est pas de vous faire passer plus de temps à la communication, mais de vous rendre plus efficace.

La seule lecture de ce livre n'améliorera pas vos habiletés de communication. Vous devrez le mettre en pratique. Si vous voulez devenir un gestionnaire inspirant, vous devez d'abord vous engager à passer à l'action. Pour vous guider, je vous propose des pistes d'amélioration à la fin de chaque chapitre, en fonction du sujet abordé. Regroupées sous le titre « Mon plan d'action », ces pistes d'amélioration sont précédées des « Questions pour ma coach », où je réponds à des questions qui me sont posées en situation de coaching ou lors de mes formations.

Les gestionnaires n'ont pas la vie facile : on leur en demande beaucoup, de plus en plus et de plus en plus vite. On leur laisse à peine le temps de s'adapter eux-mêmes aux changements qu'ils doivent communiquer et on leur fixe des objectifs toujours plus difficiles à atteindre. Si vous avez eu le courage d'accepter de jouer ce rôle souvent ingrat et que vous êtes maintenant tenté par l'aventure que je vous propose de devenir un gestionnaire inspirant, je suis persuadée que vous aurez le courage d'appliquer les 10 règles de communication des leaders. Et j'ai la conviction que vous verrez s'accroître votre leadership.

À PROPOS DE MOI

Je ne suis pas une théoricienne de la communication, mais une femme d'action, une gestionnaire devenue entrepreneure. Fille d'entrepreneur, j'ai grandi au milieu des projets et des réalisations, et j'en ai gardé quelque chose. Après avoir agi en tant qu'experte en communications organisationnelles auprès de grandes entreprises au Québec et en France, je suis moi-même devenue gestionnaire. Je cumule plus de vingt ans d'expérience dans ces deux rôles. Aujourd'hui, ma pratique en communication managériale se nourrit de ma formation et de mon vécu en gestion et en communication en entreprise. Vous trouverez plus de détails biographiques sur mon site : lord-communication.com.

Règle nº 1

Se connaître

Dans ce chapitre, vous découvrirez votre profil, votre style personnel de communication. Ne sautez pas cette étape ! Non seulement elle vous permettra de profiter des conseils contenus dans ce livre, mais elle pourrait vous aider à dénouer des relations tendues dès demain matin…

EN TANT QUE GESTIONNAIRE,
mais aussi à titre de simple citoyen, de conjoint, de parent, d'ami, de frère ou de sœur, vous êtes constamment appelé à communiquer et vous avez déjà remarqué que cela est plus ardu avec certaines personnes et plus facile avec d'autres. Si, dans la vie privée, vous pouvez choisir de communiquer plus ou moins souvent avec les personnes de votre choix, il en va tout autrement dans votre vie professionnelle. Même quand des collègues ou des employés paraissent fermés à vos propos et que vous trouvez qu'untel a l'art de compliquer les choses alors qu'un autre utilise un ton autoritaire qui vous agace, vous n'avez pas le choix : vous devez maintenir la communication avec eux, cela fait partie de vos tâches.

Plusieurs facteurs peuvent rendre la communication difficile entre les personnes même les mieux intentionnées ; l'un de ceux-là est l'ignorance. Non pas l'ignorance des faits, des données, du contexte ou des objectifs, mais l'ignorance de soi ou plus précisément de son propre style de communication. Puisque vous avez pris la décision d'améliorer vos habiletés de communication, vous devez commencer par vous regarder en face et examiner votre façon d'entrer en contact avec les autres.

POURQUOI FAUT-IL SE CONNAÎTRE ?

La connaissance de votre style personnel de communication est fondamentale à l'amélioration de vos habiletés pour quatre grandes raisons.

1. Pour connaître vos forces : c'est sur elles que vous allez vous appuyer pour vous améliorer.
2. Pour cibler les actions à entreprendre. Si vous n'avez pas pris conscience, par exemple, de votre manque d'écoute ou, au contraire, de votre tendance à laisser toute la place à l'autre, quelle piste d'amélioration allez-vous suivre pour devenir un gestionnaire inspirant ?
3. Pour savoir comment vous adapter à divers interlocuteurs en fonction de leur propre style.
4. Pour aider l'autre à communiquer plus efficacement avec vous.

N'ayez crainte, je ne vous entraîne pas dans une longue introspection à la recherche de votre moi profond. Je vous propose plus simplement de cerner votre style personnel de communication à l'intérieur d'une grille qui en compte quatre. Cet exercice exigera que vous vous mettiez dans la peau de l'autre. La communication étant par définition un échange avec l'autre, vous devrez vous demander comment l'autre vous perçoit. En lisant les prochaines pages, vous aurez tendance à vous demander : « Suis-je ainsi ? » Je vous invite plutôt à répondre à la question : « Est-ce ainsi que les autres me perçoivent ? »

LES STYLES PERSONNELS DE COMMUNICATION : LA TYPOLOGIE DE MERRILL ET REID

Les styles personnels de communication que je vous présente découlent de la typologie des personnalités de Merrill et Reid[2]. Ils s'appliquent à tous, sans égard au secteur d'activité, au niveau de gestion, au sexe, à l'âge, à la langue

---

2 Merrill, David W. et Roger H. Reid, *Personal Styles and Effective Performance. Make Your Style Work for You*, Boca Raton, CRC Press, 1981, 248 p.

d'usage, à la culture de l'entreprise ou du pays. Même les gens qui vous donnent l'impression de venir d'une autre planète se retrouvent dans l'un de ces quatre styles.

Dans les années 1960, David Merrill et Roger Reid, deux chercheurs américains, travaillaient à la création d'un modèle qui permettrait de prédire la réussite d'une carrière en vente ou en gestion lorsqu'ils aboutirent à une typologie des personnalités. Les réponses aux questionnaires qu'ils avaient mis au point leur ont révélé quatre types sociaux dans lesquels la population se retrouverait à parts égales (chaque type correspondant à environ 25 % de la population). Vous connaissez sans doute d'autres variantes de cette typologie (illustrée par des couleurs, par exemple).

Cette typologie ne porte pas de jugement de valeur sur les types, mais se limite à les définir. Autrement dit, il n'y a pas de bon ou de mauvais type. Il n'y a pas non plus de type idéal.

Les quatre styles personnels se répartissent selon deux axes, ainsi que l'illustre le schéma de la figure 1 : la sensibilité aux émotions des autres et la tendance à prendre le contrôle.

Figure 1
SCHÉMA DES STYLES PERSONNELS

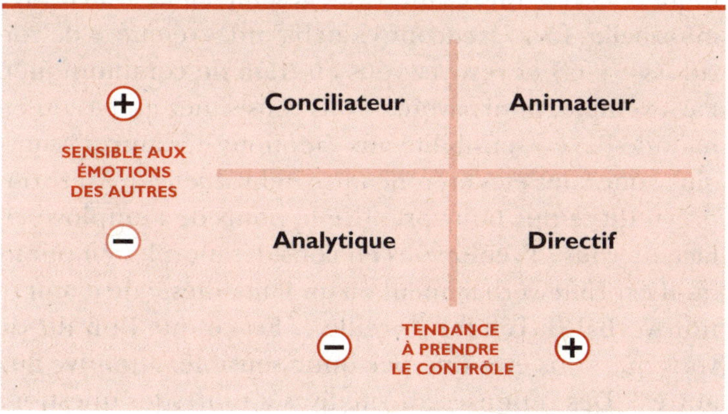

Adapté de Merrill et Reid.

Dans la moitié supérieure du schéma se trouvent les conciliateurs et les animateurs : ces deux styles sont plus sensibles aux émotions des autres. Dans la moitié inférieure se situent les analytiques et les directifs : ces deux styles sont moins sensibles aux émotions des autres. En lisant le schéma de haut en bas, dans la moitié gauche, on constate que conciliateurs et analytiques se rejoignent dans leur tendance à moins prendre le contrôle, ce qui les oppose aux animateurs et aux directifs (moitié droite du schéma), qui ont davantage tendance à prendre le contrôle de la communication.

Où vous situez-vous ?

Rares sont les personnes qui appartiennent à un style à 100 %, mais on arrive généralement à dégager une tendance dominante. Je vous invite à vous situer dans le schéma de la figure 1 en vous posant des questions relatives aux deux critères déterminants – sensibilité aux autres et tendance à prendre le contrôle.

1. Plus ou moins sensible aux émotions des autres

Pensez à des situations de communication que vous vivez régulièrement comme les réunions, les appels téléphoniques, les rencontres individuelles, même les rencontres informelles (5 à 7, rencontres au hasard, « réunions de corridors », etc.) et revoyez-vous en train de communiquer. Par exemple, pour savoir si vous vous situez en bas ou en haut de l'axe « sensibilité aux émotions des autres », imaginez que vous êtes en rencontre individuelle… Avez-vous prévu du temps pour prendre le pouls de l'employé en face de vous ? Prenez-vous en considération les émotions qu'il exprime verbalement ou qu'il manifeste de manière non verbale ? Tendez l'oreille… Est-ce que l'on dit de vous que vous êtes une personne sensible, attentive aux autres ? Des réponses affirmatives à toutes les questions précédentes vous placeraient vraisemblablement dans la moitié supérieure du schéma, avec les conciliateurs et les animateurs.

Si, au contraire, vous avez tendance à ne pas tenir compte des manifestations de l'autre, surtout si elles sont non verbales, s'il est clair pour vous – et pour ceux qui vous entourent – que vous vous intéressez beaucoup plus aux faits, aux résultats, aux données concrètes qu'aux émotions des individus, vous vous situez probablement dans la moitié inférieure du schéma, avec les directifs et les analytiques.

Cela ne signifie pas que les directifs sont insensibles, mais ils seront les premiers à montrer des signes d'impatience si une discussion se prolonge. Les analytiques donneront des détails dont les autres n'ont pas besoin. De leur côté, les conciliateurs tiennent à préserver l'harmonie dans l'équipe. Attention, le fait qu'une personne se situe du côté des directifs ne signifie pas qu'elle soit plus apte à diriger qu'une personne de type conciliateur, cela caractérise seulement la façon dont cette personne communique.

2. Plus ou moins tendance à prendre le contrôle

Une fois que vous aurez déterminé dans quelle moitié horizontale du schéma vous vous situez, demandez-vous dans quelle mesure vous avez tendance à prendre le contrôle des communications. Un peu, beaucoup… trop ? Si un conciliateur et un animateur sont tous deux plus sensibles aux émotions des autres, l'animateur se distingue par sa tendance à prendre le contrôle de la communication. Et il le fait à la façon d'un animateur : avec dynamisme et souvent avec jovialité. Entre un analytique et un directif, c'est le directif qui aura le réflexe de prendre les commandes et il le fera d'une manière qui pourrait être perçue par certains comme autoritaire. Les conciliateurs et les analytiques, eux, se mettent plus facilement en mode réceptif.

Pour vous aider à préciser votre style dominant, voici une liste des caractéristiques propres à chacun des styles personnels. En lisant ces traits de caractère, rappelez-vous qu'il est toujours question de la perception que les autres ont de vous. Si vous avez du mal à percevoir ce que les autres pensent de votre façon de communiquer, n'hésitez pas à le leur demander. Adressez-vous à des collègues en qui vous avez confiance et essayez d'être le plus précis possible dans vos questions. Quelques exemples : « À ton avis, est-ce que je m'intéresse plus aux gens ou aux résultats ? », « Dirais-tu que je prends beaucoup de place dans les réunions ? », « Qu'est-ce que les gens disent de moi ? », « Quand je parle, qu'est-ce qui me caractérise le plus, à ton avis ? », etc.

PRINCIPAUX TRAITS DES QUATRE STYLES PERSONNELS[3]

Conciliateur

- Entre facilement en communication avec les autres ;
- patient ;
- cherche à éviter les conflits ;
- habile à concilier les différents points de vue ;
- considère plusieurs points de vue avant de prendre ses décisions ;
- aime travailler en équipe ;
- plus à l'aise dans un rôle de coach ou de facilitateur que dans la direction des opérations.

Animateur

- Communique aisément ;
- enthousiaste et démonstratif ;
- s'intéresse au changement et à l'innovation ;

---

3 Je cite les caractéristiques les plus apparentes de chacun des styles. Pour plus de détails, vous pouvez consulter l'ouvrage de Merrill et Reid, cité plus haut. Vous trouverez également des précisions dans l'excellent livre de Solange Cormier, *La Communication et la Gestion*, Montréal, Presses de l'Université du Québec, 2006. À noter que la terminologie retenue par cette auteure varie de celle présentée ici : « conciliateur » correspond à « aimable » et « animateur » correspond à « expressif ».

- plus orienté vers les gens que vers les résultats ;
- s'attache peu aux détails pratiques ;
- n'est pas porté à vouloir résoudre les problèmes à tout prix ;
- a tendance à prendre des engagements au-dessus de ses capacités ;
- plus à l'aise dans les fonctions de développement et les groupes de travail *ad hoc* que dans la routine.

Analytique

- Peut avoir de la difficulté à demander des choses aux autres ;
- est habile à résoudre les problèmes ;
- communique efficacement, mais peut paraître froid et impersonnel ;
- va au fond des choses ;
- porté sur l'analyse, la planification et le contrôle ;
- accorde de l'importance aux faits et aux données ;
- est dans son élément dans des rôles de supervision et de coordination ;
- plus à l'aise dans les grandes organisations bien structurées.

Directif

- Centré sur l'action ;
- fait ses demandes aux autres facilement ;
- aime prendre des responsabilités ;
- se décide rapidement ;
- communique de façon directe ;
- impatient lorsqu'une discussion se prolonge ;
- porté sur les faits concrets et peu enclin à l'analyse poussée ;
- se sent dans son élément dans des rôles de direction ou à la production ;
- à l'aise dans une PME ou dans une grande entreprise, pourvu que ça bouge.

UN CONCILIATEUR DÉÇU

François est un haut dirigeant qui vient d'arriver en poste. Il est issu d'une autre culture d'entreprise, d'une culture du travail plus conservatrice où la hiérarchie est très importante et très sentie. Il est habitué à ce qu'on lui obéisse au doigt et à l'œil et il s'impatiente rapidement quand ce n'est pas le cas. Or, chez son nouvel employeur, on encourage au contraire la collaboration.

Avec ses manières expéditives, perçues comme brusques, François est en train de se tailler une réputation d'homme froid et hautain. Ses gestionnaires ne sont pas à l'aise avec lui, la communication devient de plus en plus difficile. Le climat tendu est d'autant plus regrettable que François doit implanter toute une série de changements importants et qu'il a besoin de l'adhésion de tous. Informé de la situation, son président l'invite poliment, mais fermement, à améliorer ses habiletés de communication.

Quand je le rencontre, je le sens agacé, mais résolu. En découvrant qu'il appartient au type conciliateur, François est surpris – et visiblement déçu. Il aurait voulu être de style directif parce que ce style correspond, pour lui, au profil type du chef. Mais François n'est pas un conciliateur « pur », il est également analytique. Il est très rigoureux, ne rate aucun détail, écoute et retient tout ce qu'il entend. C'est un esprit cartésien.

Ensemble, on finit par comprendre que François s'oblige à prendre des décisions rapidement – comme un « vrai chef » – alors que son style le porterait à relativiser davantage, à faire deux fois plutôt qu'une le tour de la question. Et il regrette que tout le monde n'ait pas autant que lui le souci du détail.

En essayant de vous situer dans le schéma de la page 25, et après avoir lu les caractéristiques de chaque style, il se peut que vous vous soyez reconnu un peu dans tous les styles et que vous soyez incapable de trancher. Essayez de penser à ce qui vous caractérise *la plupart du temps* dans l'accomplissement de vos tâches de gestionnaire et faites-le toujours en imaginant la perception que les autres ont de vous. Ce que vous devez trouver, c'est votre tendance dominante. Il vous arrive peut-être de prendre des engagements au-dessus de vos capacités, mais cela ne fait pas de vous un animateur si, par ailleurs, vous aimez creuser, aller au fond des choses, si vous avez du mal à demander des choses aux autres, si vous vous intéressez plus aux faits qu'aux gens et si l'on dit de vous que vous êtes froid... Toutes ces caractéristiques vous rangeraient plutôt avec les analytiques. Sachez aussi qu'en situation de stress intense ou de fatigue, les traits de votre type dominant auront tendance à être exacerbés. Par exemple, un analytique sous l'effet du stress aura tendance à s'attacher encore plus aux détails, jusqu'à en devenir pointilleux, n'osera plus rien affirmer et contrôlera davantage ses émotions. Si vous pensez à votre comportement en situation critique, vous aurez un bon indice de votre style dominant. En vieillissant, il arrive aussi que l'on glisse d'un style à un autre : on a pu s'adapter à un environnement, à une culture d'entreprise ou encore notre personnalité a simplement évolué dans une direction donnée. Il est important de réfléchir à ce qui vous caractérise *aujourd'hui*, dans votre milieu de travail actuel.

Certaines personnes se reconnaissent dans un type de façon non équivoque et peuvent se situer facilement dans le schéma de la figure 1. D'autres hésitent, se positionnent à la jonction de deux types. Si c'est votre cas, vous devez quand même dégager votre style dominant. Par exemple, vous pouvez être de type animateur avec tendance directif. Vous vous situeriez alors dans le quart « animateur », mais dans la partie inférieure de celui-ci.

Si vous voulez confirmer votre style personnel de communication, vous pouvez également faire le test ISPC[4] (Indicateur du style personnel de communication). Cela ne vous prendra que quelques minutes et je vous enverrai par la suite un guide d'interprétation. À noter qu'il ne s'agit pas d'un test psychométrique, mais d'une indication de votre style de communication. L'objectif est de vous aider à améliorer l'efficacité de vos communications de gestion en profitant pleinement des conseils contenus dans ce livre. Pour obtenir le test ISPC, écrivez-moi à l'adresse qui apparaît sur mon site : lord-communication.com.

À CHAQUE STYLE SON DÉFI

Les caractéristiques de votre style peuvent jouer à la fois en votre faveur et en votre défaveur. Si vous êtes un directif, vous n'avez pas de mal à vous exprimer et à demander des choses aux autres : c'est un avantage à préserver. Par contre, si vous voulez devenir un gestionnaire inspirant, vous gagnerez à modérer votre impatience et à réserver votre jugement. Les conciliateurs doivent conserver leur naturel empathique, mais doivent apprendre à s'affirmer alors que les animateurs gagneront à écouter avec les oreilles et à laisser de la place aux autres. Pour les analytiques, le défi sera probablement de relâcher un peu la discipline et la rigueur.

Vous aurez compris que le style parfait n'existe pas. On trouve des gestionnaires inspirants chez les animateurs comme chez les analytiques, chez les conciliateurs comme chez les directifs. Tous se sont adaptés. Le travail sur soi que chacun doit faire pour améliorer ses habiletés de communication consiste essentiellement à tempérer des aspects très développés de sa personnalité tout en restant fidèle à sa nature.

---

4 Conçu et diffusé sous licence de Coaching de gestion inc.

Maintenant que vous vous connaissez un peu mieux, je vous suggère quelques pistes d'amélioration basées sur vos points forts. Elles vous serviront à dresser votre plan d'action à la fin de ce chapitre.

CONCILIATEURS : VOUS AVEZ UNE BONNE ÉCOUTE, IL EST TEMPS DE VOUS FAIRE ENTENDRE

› N'hésitez pas à poser des questions pour obtenir l'information dont vous avez besoin ;
› lorsqu'une discussion dérape, ne vous gênez pas pour la ramener sur le sujet ;
› votre naturel empathique vous fait parfois endosser les problèmes de l'autre, apprenez à vous détacher ;
› essayez de rester calme devant la critique et laissez retomber la poussière avant de réagir ;
› la paix à tout prix vous coûte parfois trop cher, apprenez à faire face à l'autre tout en étant constructif ;
› vous n'êtes pas obligé de toujours suivre le rythme des autres, vous pouvez aussi imposer le vôtre.

ANIMATEURS : VOUS NE MANQUEZ PAS D'IMAGINATION, MAIS RESTEZ SUR TERRE

› Informez-vous davantage des aspects pratiques d'une situation nouvelle et clarifiez les attentes ;
› retenez votre jugement et développez l'écoute attentive ;
› ralentissez le rythme pour laisser de la place à l'autre ;
› vous aimez donner du feedback, mais soyez plus spécifique quand c'est positif et moins impulsif quand c'est négatif ;
› donnez-vous une structure pour toutes vos communications, cela vous aidera à être plus discipliné ;
› faites le suivi.

Analytiques : gardez votre esprit logique, mais laissez tomber quelques détails

- Concentrez-vous sur la situation globale et sur le résultat attendu plutôt que sur la façon d'y arriver ;
- insistez moins sur les détails ;
- utilisez un langage que tout le monde peut comprendre ;
- pratiquez la patience et intéressez-vous à l'opinion de l'autre ;
- encouragez l'échange d'opinions ;
- vous êtes honnête dans votre feedback, ajoutez-y un peu d'encouragement : le feedback négatif sera plus constructif ;
- ne soulignez pas seulement les bons coups, mais reconnaissez aussi la contribution assidue ;
- rappelez-vous que tout le monde n'a pas la même discipline que vous.

Directifs : continuez d'aller droit au but, mais allez-y plus calmement

- Prêtez attention aux réalités de l'autre ;
- considérez les aspects humains de la situation ;
- gardez votre opinion pour vous et réservez votre jugement ;
- essayez de détendre l'atmosphère et de calmer votre impatience ;
- vous êtes une personne convaincante, mais tout le monde n'a pas toujours besoin d'être convaincu : développez l'écoute et n'essayez pas de tout diriger ;
- apprenez à faire confiance aux autres, vous développerez de meilleures relations.

AIDEZ LES AUTRES À MIEUX COMMUNIQUER AVEC VOUS

En cherchant votre style, vous vous êtes peut-être égaré en pensant aux styles des autres. Vous avez reconnu untel sous les traits de l'analytique et tel autre dans le personnage de l'animateur... Cela vous aura peut-être permis de comprendre pourquoi vous perdez patience avec telle personne alors qu'avec une autre les choses semblent aller de soi. Bien sûr, cette typologie n'explique pas tout et ne tient pas compte des affinités naturelles, mais en même temps qu'elle vous aide à mieux vous connaître, elle vous permet de reconnaître les différentes façons de communiquer des personnes qui vous entourent.

Jusqu'à maintenant, en vous interrogeant sur votre style de communication, je suis certaine que vous avez surtout pensé à des situations où vous étiez la personne qui initiait la communication : vous animez une réunion, vous rencontrez un employé, vous faites une présentation à vos patrons, etc. Je vous invite maintenant à vous demander comment vous aimez que l'on communique avec vous. Et je vous encourage ensuite à dire à l'autre de quelle façon vous aimez que l'on vous présente les choses. Cette « tâche » pourrait faire partie de votre plan d'action. Vous rendrez service à deux personnes : vous et votre interlocuteur. Si l'autre connaît vos besoins, ce sera beaucoup plus facile pour lui de se préparer en conséquence. De son côté, il sera moins anxieux et de votre côté, vous aurez une meilleure écoute. Au total, la qualité de l'échange s'en trouvera améliorée.

Si vous êtes conciliateur, vous voulez éviter les conflits et vous avez du mal à défendre votre point de vue quand l'atmosphère se corse. Une bonne façon de ne pas vous retrouver pris au dépourvu est de dire avant la communication (réunion, rencontre, etc.) ce que vous attendez de l'autre.

Si vous êtes animateur, vous avez tendance à « embarquer », vous aimez collaborer. Vous préférez les réunions de travail aux présentations formelles où tout a déjà été décidé. Dites-le. Mais vous avez aussi besoin d'un cadre, n'oubliez pas de le mentionner.

Si vous êtes analytique, vous êtes une personne de détails. Vous pourriez demander que l'on vous envoie les documents, dire que vous avez besoin de les lire avant la réunion pour que celle-ci soit plus productive. Oui, vous avez le droit de demander.

Si vous êtes directif, vous aimez les échanges brefs qui vont droit au but. Vous pourriez dire par exemple : « J'ai dix minutes. Je te remercie beaucoup du travail que tu as fait et j'aimerais que tu me présentes l'essentiel. Ensuite, si j'ai besoin de précisions, on pourra regarder les détails. »

Questions pour ma coach sur mon style personnel

Comment établir une communication efficace quand le courant ne passe vraiment pas avec quelqu'un ?

Cette question m'a été posée par un gestionnaire de style conciliateur qui n'arrivait pas à entrer en contact avec un employé de style analytique. Mais elle aurait pu venir de personnes de tous les styles : pour exercer son rôle de manière inspirante, tout gestionnaire doit impérativement établir une relation avec ses collaborateurs, ses pairs, ses supérieurs. On ne parle pas de s'entendre à merveille avec tout le monde, mais de pouvoir communiquer avec tous. Si vous n'arrivez pas à établir un contact avec une personne sur la base du travail, cherchez sur quelle autre base vous pourriez le faire. Cette personne pratique-t-elle un sport qui vous intéresse ou que vous pratiquez également ? Fait-elle du bénévolat pour une cause qui vous tient à cœur ou au sujet de laquelle vous êtes curieux ? Avez-vous une connaissance en commun ? A-t-elle des enfants du même âge que les vôtres ? S'intéresse-t-elle à une forme d'expression artistique qui vous intéresse aussi ? Vos personnalités peuvent être opposées, mais si vos valeurs se ressemblent, il vous sera possible d'établir une relation avec cette personne. Et il peut être plus facile de découvrir les valeurs de l'autre en engageant la discussion sur des sujets qui la touchent personnellement.

Comment puis-je m'adapter lorsque je m'adresse à un auditoire que je ne connais pas du tout (dont je ne connais pas les styles personnels) ?

Si vous ne connaissez pas du tout les gens, il serait prématuré de vouloir connaître leurs styles personnels. Ne perdez pas votre temps. Demandez plutôt à la personne qui vous a invité à prendre la parole quelles sont les attentes de l'auditoire, ce que vous devriez savoir sur les gens à qui vous allez parler, ce qu'ils savent du sujet que vous allez aborder et à quel type de réactions vous devriez vous attendre.

Qu'est-ce que je fais si on me dit que je me perds dans les détails ?

La première chose à faire est de reconnaître que la personne qui vous a dit cela est irritée par votre comportement. Ensuite, il faut admettre que les détails n'ont pas leur place partout. Regardez la situation objectivement en vous demandant où les détails sont requis. La gestionnaire analytique qui m'a posé cette question était perçue comme une personne contrôlante, bonne dans la microgestion, mais incapable de pensée stratégique. Dommage, autant pour elle que pour son organisation.

On m'a déjà dit que je prenais beaucoup de place. Qu'est-ce que je dois comprendre ?

Si vous êtes de type animateur ou directif (tendance à prendre le contrôle), on trouve peut-être que vous prenez trop de place. Les personnes de type animateur s'expriment en général facilement, avec beaucoup de fluidité, mais certaines sont tellement intenses, tellement engagées dans leurs propos qu'elles « écrasent » leurs interlocuteurs. Les directifs, quant à eux, peuvent avoir tendance à intervenir souvent dans le cadre d'une réunion afin de ramener les participants à l'ordre – à leur ordre. Ce comportement donne l'impression aux autres qu'ils n'ont pas de place dans la communication.

Un conseil pour éviter de prendre toute la place est de vous préparer à ne pas toute la prendre. Commencez par admettre que vous n'êtes pas le seul joueur : puisqu'il s'agit de communication, vous êtes au moins deux. Précisez au départ l'objectif de la communication, les points à couvrir, et dites aux autres ce que vous attendez d'eux, cela vous évitera de devoir les ramener à l'ordre.

Mon plan d'action en fonction de mon style personnel

1 – Mon style personnel de communication

Notez le style dominant qui a émergé de l'exercice (ou du test ISPC), puis le style secondaire.

Style dominant : ______________________

Style secondaire : ______________________

2 – Le style personnel qui s'oppose le plus au mien

En règle générale, les conciliateurs s'opposent aux directifs, les analytiques aux animateurs et vice-versa. Animateurs et directifs s'opposent également.

Style opposé au mien : ______________________

Vous pouvez même ajouter le nom de personnes de votre entourage dont le style s'oppose au vôtre : ces personnes vous offrent un très beau défi de communication et d'adaptation.

3 – Mon défi

Relisez les recommandations qui s'adressent à votre style et réfléchissez à ce qui représente pour vous le plus grand défi d'adaptation en fonction de votre style.

Écrivez-le : ______________________

4 – Mes actions

Comment pourriez-vous appliquer les recommandations qui s'adressent à votre style (pages 33 à 36) ? Je vous propose d'imaginer trois actions concrètes que vous pourriez entreprendre dans les prochains jours. Pourquoi pas demain ?

Pensez aux occasions qui vous sont offertes de communiquer avec vos pairs, vos employés, vos patrons ou vos clients. À quel moment serait-il opportun de tenter un petit changement? Pensez à quelque chose de concret dont vous pourrez mesurer le succès par la suite. Et notez vos bons coups. Notez aussi les réactions des personnes autour de vous. N'oubliez pas de rester fidèle à ce que vous êtes.

Occasions: ____

____

____

____

____

____

____

____

____

Actions: ____

____

____

____

____

____

____

____

____

Règle n° 2

Gérer ses communications

Vous dites que vous passez beaucoup de temps à communiquer, mais savez-vous à quoi passe tout ce temps ? Dans ce chapitre, vous ferez l'inventaire de vos activités de communication et vous identifierez celles qui vous donnent le plus de fil à retordre. Vous établirez ensuite votre propre routine de communication.

VOUS GÉREZ BEAUCOUP de choses dans une journée, y compris des ego et des attentes. Qu'en est-il de vos communications ? Trop souvent, les gestionnaires considèrent la communication comme allant de soi et s'arrêtent rarement pour se demander pourquoi certaines activités sont plus stressantes que d'autres ou moins productives. Vos activités sont-elles toutes (vraiment) nécessaires ? Combien de temps accordez-vous à la préparation de chacune ? Dans quelles situations de communication êtes-vous le plus à l'aise ? Quand avez-vous le trac ? Les gestionnaires inspirants aussi font face à des situations stressantes, mais ils les reconnaissent, savent pourquoi elles sont ainsi et se donnent les moyens de se sentir plus à l'aise. Ils s'arrangent pour que leurs activités de communication portent leurs fruits : ils les gèrent.

Si vous n'avez encore jamais pris conscience de toutes vos activités de communication, la première étape consistera à en dresser un inventaire. Vous devrez ensuite porter un jugement sur l'usage que vous faites de ces activités, sur leur contribution à l'atteinte de vos objectifs, sur votre aisance dans chacune d'elles et sur la préparation que vous leur accordez. Vous serez en mesure d'établir par la suite votre propre routine de communication.

DRESSEZ L'INVENTAIRE DE VOS ACTIVITÉS DE COMMUNICATION

Vous trouverez, à la page 47, un tableau de six colonnes à compléter. Pour la première étape de l'exercice, concentrez-vous sur les quatre premières colonnes. Nous reviendrons sur les deux dernières un peu plus loin.

Dans la première colonne, faites la liste des activités de communication dans lesquelles vous jouez un rôle actif, c'est-à-dire où vous devez informer, convaincre, orienter, influencer... Il peut s'agir de situations où vous jouez un rôle d'animateur, d'autres où vous devez négocier, etc. Cela peut être une activité où vous prenez la parole... ou le clavier. Certaines activités vous viennent en tête spontanément, mais assurez-vous de ne pas en oublier en consultant votre agenda des dernières semaines, voire des derniers mois. Les activités les plus courantes sont les réunions d'équipe ou de travail, les comités de gestion, les rencontres individuelles, les conférences téléphoniques, les réunions de vente ou de formation, les rencontres avec les fournisseurs, le *brainstorming* (remue-méninges), les notes de service, les lettres, les courriels, etc. Les activités varient d'un gestionnaire à l'autre en fonction du niveau de gestion, des responsabilités, de la structure de l'entreprise, du secteur, du recours ou non au télétravail, de la couverture géographique, du nombre d'employés. L'important est de dresser un portrait qui correspond à votre réalité. Attention ! N'oubliez pas d'inclure les activités de communication informelles, c'est-à-dire toutes les occasions que vous avez de communiquer en dehors des activités officielles. Il peut s'agir de 5 à 7 d'employés, de lunch avec des pairs, des employés, des clients, de sorties à la Chambre de commerce, d'activités sportives ou d'animation, etc. Inscrivez les activités que vous faites réellement, pas celles que vous aimeriez faire ou que vous seriez censé faire.

Dans la deuxième colonne, inscrivez la fréquence de chaque activité : quotidienne ou même deux fois par jour, hebdomadaire, deux fois par semaine, toutes les deux semaines, mensuelle, trimestrielle, annuelle, au besoin… Encore une fois, soyez réaliste.

Inscrivez dans la troisième colonne l'objectif de chacune des activités. Celui-ci peut être général ou plus précis, par exemple dans le cas d'un lancement de projet ou d'une conférence de presse. Informer l'équipe ou les partenaires, coacher un employé ou un groupe d'employés, évaluer la performance, faire approuver un projet, communiquer des résultats, féliciter, remercier, obtenir de l'information… sont tous des objectifs pouvant être liés à des activités de communication. Il se peut qu'une activité vise plus d'un objectif.

Dans la quatrième colonne, inscrivez le public cible de cette activité. Quelques exemples : employés de mon unité, employés de l'unité x, pairs, patrons, C.A., haute direction, syndicat, clients, fournisseurs, conseil de famille (PME), consultants, instance gouvernementale, journalistes… Il peut s'agir d'un public interne ou externe, homogène ou composite.

Figure 2

INVENTAIRE DE MES ACTIVITÉS DE COMMUNICATION

ACTIVITÉS	FRÉQUENCE	OBJECTIF(S)	PUBLIC CIBLE	P	A
Exemple : rencontres individuelles	1 × mois × 15 employés	Suivi de dossiers, évaluation, coaching	Employés		

TROUVEZ LE BOBO

Pour compléter le tableau, il vous reste à évaluer votre niveau de préparation (P) et votre niveau d'aisance (A) pour chacune des activités. Attribuez une note de 1 à 10 à chaque activité, 1 correspondant au plus bas niveau – de préparation ou d'aisance – et 10 au plus haut niveau. Supposons que le gestionnaire de l'exemple ne soit pas à l'aise dans ses rencontres individuelles et qu'il les prépare peu. Il mettra la note 2 dans la colonne P et 3 dans la colonne A.

ACTIVITÉS	FRÉQUENCE	OBJECTIF(S)	PUBLIC CIBLE	P	A
Exemple : rencontres individuelles	1 × mois × 15 employés	Suivi de dossiers, évaluation, coaching	Employés	2	3

Dans cet exemple, le gestionnaire gagnerait à mieux préparer ses rencontres individuelles. Pourquoi ne le fait-il pas ? Par manque de temps ou par manque de conviction ? Lesdites réunions sont-elles trop longues ou trop brèves ? Arrivent-elles à un mauvais moment dans la journée du gestionnaire ou de l'employé ? Est-ce que les objectifs sont bien définis ? Les attentes de l'employé sont-elles claires ? Le lieu de la rencontre est-il approprié ? Le niveau d'aisance est souvent tributaire du niveau de préparation, mais d'autres facteurs peuvent aussi entrer en ligne de compte et méritent d'être examinés.

Une activité que vous notez 2 dans la colonne P, mais 10 dans la colonne A est une activité pour laquelle vous vous préparez peu et dans laquelle vous vous sentez très à l'aise. Gardez-la ! Et observez comment ça se passe quand vous êtes à l'aise. Reconnaissez l'impact que vous avez et l'énergie avec laquelle vous sortez de cette activité.

Le niveau d'énergie que vous avez à l'issue d'une activité de communication est un bon indice pour déterminer votre niveau d'aisance. Pensez à vos activités de communication de la journée : comment vous sentez-vous à la fin ? Plein d'énergie ? Ou, au contraire, complètement vidé ?

Nous verrons au troisième chapitre l'importance de vous préparer mentalement en fonction de vos publics cibles, mais pour l'instant, j'aimerais que vous preniez du recul par rapport à vos activités de communication. Regardez les divers formats que vous utilisez, votre efficacité et votre aisance dans les différentes situations, face à divers publics. Êtes-vous plus à l'aise avec vos supérieurs qu'avec vos employés ou l'inverse ? Plus à l'aise avec vos fournisseurs qu'avec vos pairs ? Qu'est-ce qui est le plus exigeant : la rédaction d'une note de service ou la rencontre individuelle ? Les activités de reconnaissance ou la présentation des résultats trimestriels ? Tous ces constats vous aideront à voir où va votre temps et à prendre des décisions quant à certaines activités. Sont-elles les meilleures, les plus appropriées à mes objectifs ? Quelles activités marchent bien ? Dans quoi j'excelle ? Quand est-ce que j'ai l'impression de perdre mon temps ? Pourrais-je faire les choses autrement ? Est-ce que j'ai vraiment l'impact que j'aimerais avoir ?

À l'issue de cet exercice, certains gestionnaires se rendent compte que la position hiérarchique des personnes auxquelles ils s'adressent est un facteur déterminant du niveau de confort (ou d'inconfort), alors que pour d'autres, c'est plutôt le style personnel de communication qui joue un rôle important. Une gestionnaire s'apercevait, par exemple, qu'elle sortait souvent frustrée d'une rencontre avec des personnes de type conciliateur parce qu'elle avait l'impression qu'aucune décision n'avait été prise. Elle décida d'intégrer des stratégies pour amener ces conciliateurs à adopter des positions plus claires. D'autres personnes comprennent enfin qu'avec des personnalités de type animateur, elles gagnent à bien encadrer les échanges, tout en se montrant flexibles.

FAITES DES CHOIX

Derrière votre ambition de devenir un gestionnaire inspirant se cachent des enjeux, des objectifs qui sont propres à l'entreprise. En tant que gestionnaire, on attend de vous que vous livriez des résultats, que votre équipe atteigne des objectifs précis. Autrement dit, devenir un gestionnaire inspirant n'est pas une fin en soi, mais un moyen: vous voulez inspirer l'action pour générer des résultats. Et pour vous distinguer.

Vous ne gagnerez rien à multiplier les activités de communication si celles-ci ne portent pas, n'inspirent rien ni personne. Privilégiez les activités dans lesquelles vous excellez et assurez-vous qu'elles contribuent à l'atteinte de vos objectifs. Accordez plus de soin à la préparation des activités où vous êtes moins à l'aise et où vous avez l'impression de ne pas avoir l'impact voulu. Le prochain chapitre vous guidera dans la préparation mentale en fonction de votre public cible, tandis que les quatrième et cinquième chapitres vous feront faire le tour des différents canaux de communication – formels et informels – que vous pouvez choisir. Au chapitre 8, je vous propose une méthode éprouvée pour préparer vos communications afin de les rendre plus claires et d'en augmenter l'impact. Mettez un signet à la page de votre inventaire: vous allez y revenir souvent.

LA ROUTINE DE COMMUNICATION D'UNE VICE-PRÉSIDENTE

La nécessité d'avoir une routine de communication m'est apparue quand j'ai été nommée directrice principale. C'était mon premier mandat de gestion avec une grande équipe, cent employés. Comme il y avait un niveau de gestion entre eux et moi, je voulais m'assurer de ne pas perdre le contact avec eux.

Il fallait d'abord que je détermine la place que je voulais prendre dans la communication sans faire de l'ingérence ni porter ombrage aux gestionnaires. Puis, que je trouve des moyens pour recevoir de la rétroaction en continu. J'ai tout de suite compris qu'on ne peut pas improviser là-dedans, il faut planifier. Alors, j'ai cherché dans les livres de gestion des modèles, mais je ne trouvais rien qui répondait à mes besoins.

Je me suis donc tournée vers une gestionnaire que je trouvais inspirante. Je lui ai demandé comment elle fonctionnait et elle m'a fait part de sa routine. C'est comme ça que j'ai commencé à me faire ma propre routine de communication. Je l'ai fait évoluer au fur et à mesure que mes fonctions ont changé.

Dans ma routine, j'essaie de garder un équilibre entre les activités formelles et informelles. L'objectif de la communication est déterminant: certaines activités visent à informer alors que d'autres sont décisionnelles. Parmi les activités où j'informe, il y a bien sûr la communication du plan d'affaires, qui ne revient pas souvent, mais qui est très importante. Elle se produit trois fois par année: au lancement, à la mi-année, puis à la fin de l'année, où je fais la revue de l'année. Ce sont des occasions de communiquer et de rappeler la vision du secteur à l'ensemble des gens, de leur donner les orientations pour l'année. Ensuite, chaque mois, je tiens un comité de direction: il s'agit d'une activité décisionnelle où il y a aussi un échange d'information. Toutes les deux semaines, je fais un appel conférence d'une heure avec mes gestionnaires. On aborde des sujets tactiques et on garde nos discussions plus en profondeur pour le comité (mensuel).

Au trimestre, j'organise une rencontre d'une journée avec les gestionnaires où je reprends les messages corporatifs qui sont pertinents et où je fais les liens avec nos opérations. Tous les gestionnaires sont présents: ils viennent surtout du Québec, mais aussi de l'Ontario. On prend le plan d'affaires et on fait le point d'avancement. J'assiste une fois par année au comité de direction de mes gestionnaires, suivi d'un lunch, où on aborde les sujets de manière informelle. Finalement, pour garder le contact avec la base, je tiens mes cafés-rencontres[5], qui ont lieu cinq fois par année dans chacun des sites, ce qui représente plus de vingt événements au total. Ces cafés-rencontres sont une occasion extraordinaire de prendre le pouls des employés et de voir comment ils vivent avec les décisions que nous prenons.

Établir une routine de communication, c'est d'abord se demander : quel est mon mandat et de quoi ai-je besoin pour réussir ? Chacune des activités que je fais a un objectif et un public bien précis. Elles peuvent être plus ou moins formelles et mon rôle, plus ou moins actif. Ce qui importe, c'est qu'avant chaque activité, je me rappelle quels sont les objectifs. Ça m'aide à ne pas me laisser prendre dans le feu de l'action. C'est facile de donner des réponses à des questions ou même de prendre des décisions spontanées qu'on regrette par la suite… Si j'ai mon objectif bien clair en tête, ça m'encadre et ça me tempère.

Une routine de communication, ce n'est pas coulé dans le béton, ça doit évoluer en fonction de la réalité et de nos objectifs.

Marjorie Poitras, vice-présidente, Banque Nationale Groupe financier ———

5 Plus de détails sur les cafés-rencontres en page 175.

Questions pour ma coach sur ma routine de communication

Je passe deux heures par jour à écrire et à répondre à des courriels. Comment puis-je réduire ce temps de moitié ?

On vérifie à tout moment ses courriels, on les lit en faisant autre chose et on les envoie en même temps qu'on parle au téléphone… pour gagner du temps. Mais c'est précisément parce qu'on éparpille notre « temps courriel » tout au long de la journée – et de la soirée pour certains – qu'on a l'impression que ça nous prend tant de temps. Si vous voulez être plus efficace, évitez l'éparpillement. Fixez-vous des moments dans la journée pour lire vos courriels et y répondre plutôt que de vérifier votre boîte de réception toutes les deux minutes ou de sauter sur votre téléphone intelligent à la moindre vibration… Classez vos messages entrants en fonction de l'action à entreprendre ou de la priorité. Certains messages demandent une réponse rapide, d'autres pas. Certains contiennent de l'information intéressante, mais peuvent être lus plus tard, d'autres peuvent aller directement à la poubelle, etc. À vous de créer votre propre système. En passant, évitez d'envoyer des messages à des heures indues : cela pourrait être perçu comme de l'intrusion et enverrait le signal d'un gestionnaire mal organisé.

Comment faire pour respecter ma propre routine de communication quand je suis constamment dérangée par les communications impromptues de mes employés ?

La première chose à faire est d'admettre qu'il y aura toujours une part d'impromptu. Il faut en quelque sorte prévoir l'impromptu et le considérer comme une activité informelle. J'éviterais les solutions rigides du genre : si vous voulez me parler, vous devez prendre rendez-vous. Surtout si vous êtes dans des aires ouvertes où tout le monde se voit et s'entend… Si vous ne voulez pas que les gens « déboulent » dans votre bureau à tout moment, dites-le. Tout simplement. Il est important que votre routine de communication soit communiquée : vos employés comme vos collègues doivent savoir à quel moment ils peuvent vous parler. Mais ils doivent aussi savoir que vous avez prévu du temps pour qu'ils puissent vous consulter en cas de besoin. En général, quand vous dites les choses clairement, avec respect, les gens respectent votre volonté.

Mon prédécesseur avait l'habitude de faire une conférence téléphonique par mois, mais je trouve que c'est une perte de temps. Est-ce que je devrais profiter de mon arrivée en poste pour abolir les conférences téléphoniques ?

Avant de décider d'abolir ces conférences téléphoniques, vous devez vous demander quel était l'objectif que votre prédécesseur voulait atteindre avec elles. Avez-vous un objectif similaire ?

La conférence téléphonique n'est pas une activité de communication facile, mais elle a un gros avantage : elle permet de joindre beaucoup de monde en même temps, tout en évitant les déplacements. Avant de déclarer que c'est une perte de temps, je commencerais par vérifier si votre perception est juste. Il est possible que vous ne soyez pas à l'aise dans cette activité. Si c'est le cas, savez-vous ce qui vous rend mal à l'aise ? Êtes-vous sûr de votre voix, votre diction est-elle claire ? Est-ce que c'est le fait de ne pas voir les gens qui vous pose problème ? Est-ce tout simplement parce que vous n'avez jamais animé une conférence téléphonique et que vous craignez d'échouer ? Quand vous aurez trouvé la raison de votre résistance, vous pourrez faire des choix plus éclairés : remplacer la conférence téléphonique par une activité qui vous convient davantage ou la garder et travailler sur votre « performance », en fait sur votre voix puisqu'elle est le canal de la conférence téléphonique.

Finalement, un « changement de garde » est-il le bon moment pour installer une nouvelle routine de communication ? Peut-être que oui. Il pourrait être habile de profiter du changement de direction pour innover et mettre en place une routine de communication dans laquelle vous êtes plus à l'aise. Cependant, cette routine doit être cohérente avec vos objectifs, elle doit vous aider à les atteindre.

Je pense que je me débrouille plutôt bien en conférence téléphonique, mais j'aimerais connaître l'impact que j'ai réellement.

L'absence de feedback direct est un grand désavantage de la conférence téléphonique. Pour vérifier l'impact de votre voix, réécoutez la conférence en vous mettant à la place de l'auditeur : est-ce que vous êtes convaincu ? Si vous ne l'êtes pas, c'est peut-être à cause de votre voix (cela se travaille), mais peut-être aussi parce que vos objectifs sont trop ambitieux pour le médium qu'est la conférence téléphonique. Auquel cas vous devriez envisager de faire une autre activité de communication, plus appropriée. Vous pouvez aussi demander du feedback à quelqu'un de confiance qui a écouté votre conférence téléphonique. Ne posez pas une question générale et floue comme « Est-ce que c'était bon ? » mais plutôt : « Je visais tel objectif avec cette conférence téléphonique ; je veux ton avis franc, je me situe où par rapport à cet objectif ? »

Je m'aperçois que ma routine de communication ne marche pas. Quelle image les gens vont-ils avoir de moi si je la change après seulement trois mois ?

Ils vont avoir l'image de quelqu'un d'ouvert, qui accepte de se remettre en question et qui s'intéresse vraiment à ce qu'il fait. Mais attention de ne pas jeter le bébé avec l'eau du bain. Ce n'est sans doute pas toute votre routine qui est « défectueuse », vous n'avez peut-être qu'à faire quelques ajustements ici et là. De toute façon, avant de changer une activité, il pourrait être utile d'aller chercher du feedback auprès des gens que vous voulez toucher. Adressez-vous à des personnes en qui vous avez confiance et qui ont la maturité nécessaire pour vous donner un retour constructif.

Je ne vois pas trop comment je peux planifier des activités de communication informelles. Pour moi, il faut que ça reste spontané.

Il y a en effet des activités informelles qui sont spontanées et qui doivent le rester. Je pense ici à tous ces petits signes d'attention qui reflètent votre ouverture et ne cachent aucun objectif stratégique : un sourire, un « Comment ça va ? » en passant, un commentaire aimable, etc. Puis il y a des activités informelles qui sont en lien direct avec ce que vous essayez d'accomplir. Appelons cela de l'« informel orchestré ». Il s'agit de ce que vous pouvez faire en dehors de votre milieu habituel, au sein même de votre organisation et à l'extérieur de celle-ci. Ce sont des ponts que vous construisez pour qu'il y ait déjà une ouverture quand vous arriverez avec un dossier. Si vous laissez cela au hasard, ça risque de ne jamais arriver. Il faut le planifier, le provoquer.

Mon plan d'action pour mieux gérer mes communications

1 – Établir ma routine

Vous avez dressé l'inventaire de vos activités et les avez évaluées. Peut-être avez-vous décidé d'en éliminer ou d'en ajouter… d'accorder plus de temps à la préparation de certaines… de redéfinir les objectifs… de regrouper plusieurs activités en une… Reprenez votre liste et organisez vos activités en fonction de votre agenda. Un gestionnaire me confiait qu'avant d'instaurer sa routine, il consacrait 105 % de son temps à la communication. Pas étonnant que ses journées de travail aient été si longues ! En vous établissant une routine et en la respectant, vous gagnerez du temps et de l'efficacité.

2 – Devenir plus à l'aise

Il en va de la communication comme de toute habileté : l'aisance croît avec la pratique. Par contre, il ne suffit pas de répéter une activité pour voir votre niveau de confort s'améliorer : vous devez travailler sur les raisons qui rendent la situation malaisée. Faites-le de manière systématique pour toutes les situations où vous ne vous sentez pas à l'aise. Trouvez le bobo et guérissez-le. C'est de cette façon que les golfeurs, les joueurs de tennis, les chanteurs, les pianistes, les danseurs s'améliorent… en s'acharnant sur le mouvement, l'accord ou le doigté récalcitrant jusqu'à ce qu'il devienne fluide. La communication de gestion est un art, à vous de le maîtriser.

Énumérez les trois situations de communication qui sont pour vous les plus difficiles et écrivez les raisons pour lesquelles il en est ainsi. Des exemples : devoir répéter quelque chose qui n'a pas été compris la première fois, corriger le tir, « vendre » un projet à mes supérieurs, parler à un groupe d'employés sceptiques, congédier un employé, négocier avec un fournisseur, etc. Notez ensuite la situation la plus facile et pourquoi elle l'est.

MES TROIS SITUATIONS DE COMMUNICATION LES PLUS DIFFICILES

SITUATION	POURQUOI EST-CE DIFFICILE ?

La situation de communication la plus facile pour moi, c'est quand je : ______________________________

____

parce que : ______________________________

____

____

Tous les gestionnaires sont plus à l'aise dans certaines situations et moins dans d'autres. C'est une question de personnalité, d'expérience, de talent naturel. Personne ne peut exceller dans tout. Reconnaissez dans quelles situations vous êtes à l'aise et organisez vos communications pour exploiter au maximum ce genre de situation ou d'activité. Pour accroître votre aisance dans les moments plus difficiles, accordez-leur plus de temps de préparation. Les prochains chapitres vous donneront des outils pour ce faire. Dites-vous que le temps que vous investissez dans la préparation, c'est du temps que vous récupérez ensuite, en n'ayant pas à répéter ou à corriger le tir.

Règle nº 3

Se préparer mentalement

Ce chapitre risque de secouer vos idées toutes faites sur la communication : oubliez vos messages clés et pensez à qui vous parlez. Penser à l'autre d'abord, c'est ce que les gestionnaires inspirants appellent la « préparation mentale ». Et voici comment ils s'y prennent.

IL EST TENTANT, LORSQUE l'on veut persuader, de concentrer tous ses efforts sur le contenu. On cherche aussi à se mettre en valeur, voire à impressionner, à démontrer que l'on connaît bien sa matière. On peaufine les arguments jusque dans les détails, mais on se demande rarement dans quel état d'esprit se trouve la personne ou le groupe de personnes à qui l'on s'adresse – notre public. Où sont ces personnes par rapport à ce que vous leur dites ? À quoi pensent-ils ? Quelles sont leurs préoccupations ? Si vous ne pouvez répondre à ces questions avant et pendant votre communication, vous n'aurez pas l'attention ou l'ouverture souhaitée pour faire passer votre message. Pour vous en convaincre, pensez à votre propre expérience : quel gestionnaire trouvez-vous le plus inspirant ? Celui qui vous livre un message complet, mais qui ne vous touche pas, ou celui qui vous donne l'impression de s'adresser vraiment à vous, en fonction de vos préoccupations ?

Pour répondre à la question « Où sont-ils ? » et pour vous préparer en conséquence, je vous propose d'abord quatre stratégies d'exploration qui s'appliquent à tout public. Je vous livre ensuite les clés de deux publics cibles différents : des employés et un comité de direction.

Ce chapitre s'intéresse essentiellement à votre préparation mentale ; la préparation de votre contenu sera abordée au huitième chapitre.

QUATRE STRATÉGIES POUR ÉTABLIR LA RELATION AVEC VOTRE PUBLIC

Que les gens à qui vous vous adressez soient vos employés, vos pairs ou vos patrons, vous pouvez appliquer l'ensemble des stratégies décrites plus bas. La quatrième vous sera plus utile dans le cas où vous ne vous adressez qu'à une seule personne. Elle renvoie au style personnel de communication que nous avons vu dans le premier chapitre. Connaître le style de communication de votre interlocuteur peut être précieux, surtout s'il s'agit du style opposé au vôtre. Bien que la plupart des situations évoquées dans ce chapitre se rapportent à des communications orales, les stratégies recommandées peuvent s'étendre, dans une certaine mesure, à vos communications écrites : à l'écrit comme à l'oral, vous avez tout intérêt à connaître l'état d'esprit de votre public si vous voulez que le message passe.

Stratégie 1 – Reconnaître la résistance

Cette stratégie vous invite à prêter attention aux émotions. Pas les vôtres, mais celles des personnes devant vous. Dans les milieux de travail, il est de mise de cacher nos émotions, de les contrôler. Cependant, vous pourrez les déceler dans le langage non verbal : une rougeur subite, un geste de la main, un regard perplexe, un froncement des sourcils, un hochement de tête… Pendant votre présentation, vous devez être attentif à ces signes et vous ajuster en conséquence. Mais avant même de pousser la porte de la salle où votre public vous attend impatiemment, prenez le temps de réfléchir aux émotions que vous risquez d'y rencontrer. Si ce que vous allez présenter ou « vendre » implique un changement, quel qu'il soit, chez votre interlocuteur, vous pouvez vous attendre à rencontrer de la résistance.

C'est humain. La plupart de vos communications, si elles visent l'action, demandent un changement. Si vous voulez inspirer l'action, vous devez prendre acte de cette résistance, la comprendre et la désamorcer. Sinon, le message ne passera pas.

L'auteur et conférencier américain spécialiste de la gestion du changement Rick Maurer[6] reconnaît trois niveaux de résistance. Je reprends ici les grandes lignes de son propos en l'adaptant librement.

› Niveau 1 : j'entends ce que tu dis, mais je ne comprends pas.
› Niveau 2 : je comprends ce que tu dis, mais cela ne me plaît pas.
› Niveau 3 : je comprends ce que tu dis, mais tu ne me plais pas.

Niveau 1 – J'entends ce que tu dis, mais je ne comprends pas

«Je ne comprends pas ce que c'est», «Je ne comprends pas pourquoi», «Je ne comprends pas comment ça me touche» peuvent se lire dans un regard perplexe ou dans un froncement de sourcils, même si votre message vous semble clair.

Ce premier niveau de résistance, qui est le plus facile à désamorcer, est lié à l'information que vous transmettez – données, faits, statistiques, résultats, objectifs d'affaires. Vous maîtrisez probablement cette information, mais ce n'est pas le cas de la personne qui vous écoute ou qui vous lit. Vous en mettez trop ou vous n'en donnez pas assez. La confusion s'installe et vous perdez l'intérêt de votre interlocuteur. Avant votre communication, demandez-vous quels sont les points essentiels à communiquer et éliminez le superflu. Voyez comment communiquer ces points le plus

---

6 Auteur, notamment, de *Beyond the Wall of Resistance: Unconventional Strategies that Build Support for Change*, Austin, Bard Press, 1995, et de *Why Don't You Want What I Want?: How to Win Support for Your Ideas without Hard Sell, Manipulation or Power Plays*, Austin, Bard Press, 2002.

clairement possible à votre auditoire, pas comment vous aimeriez qu'on vous les communique à vous. Pendant la communication, arrêtez-vous dès que vous percevez des signes d'incompréhension sur le visage ou dans l'attitude de l'autre. Faites une pause et assurez-vous qu'il vous suit toujours. Faites les mises au point nécessaires. Si vous poursuivez sur votre lancée en dépit des signaux que l'autre vous lance, vous risquez de le perdre complètement. Pour réduire le risque de « parler dans le vide », engagez le dialogue, posez des questions. Dans votre préparation, il vous faudra donc prévoir le temps en conséquence.

Niveau 2 – Je comprends ce que tu dis, mais cela ne me plaît pas

Si le premier niveau de résistance est lié à l'intellect (je ne *comprends* pas), les deuxième et troisième sont liés aux émotions. « Cela ne me plaît pas » ou « Je n'aime pas ça » sont des réactions qui, souvent, traduisent la peur. Vous la reconnaissez aussi dans la manière un peu hâtive dont l'autre rejette vos arguments ou votre proposition, parfois avec agressivité. Comprenez que ce que vous avancez est menaçant pour l'autre.

Les peurs sous-jacentes à ce niveau de résistance peuvent être diverses : la personne voit dans ce que vous proposez quelque chose qui menace sa crédibilité, qui risque de la faire mal paraître aux yeux des autres. Elle craint d'avoir une surcharge de travail ou elle a peur de perdre son emploi, sa sécurité financière. Elle craint que vos idées mettent en péril l'avenir de l'entreprise.

Si vous ne reconnaissez pas ces peurs, elles prendront beaucoup de place entre vous et votre interlocuteur. Dans votre préparation, demandez-vous, par rapport à ce que vous allez dire, si des peurs de cet ordre peuvent exister chez votre public. Prenez le temps de reconnaître ces peurs. Ne les balayez pas du revers de la main si vous jugez qu'elles ne sont pas fondées, essayez plutôt de les comprendre, sans porter de jugement. Soyez attentif et empathique sans pour autant perdre de vue votre objectif.

Niveau 3 – Je comprends ce que tu dis, mais tu ne me plais pas

Pour illustrer ce niveau de résistance, Maurer décrit une personne qui vous reçoit dans son bureau sans se lever, ne vous invite pas à vous asseoir et vous dit, en pianotant sur la table nerveusement : « Dépêchez-vous, j'ai un rendez-vous dans cinq minutes. » Ce comportement est franchement hostile. Mais ne le « prenez pas personnel » : ce n'est pas forcément votre personne qui agace votre interlocuteur, mais ce que vous représentez.

Ce niveau de résistance est le plus difficile à désamorcer et c'est aussi le plus dur à accepter. Il est toujours pénible de réaliser que quelqu'un ne nous aime pas, même si on sait qu'il ne nous en veut pas personnellement. Le sentiment de l'autre repose sur des éléments qui échappent à votre contrôle : des préjugés, des rumeurs, des jeux d'influence, son histoire personnelle, ses croyances, sa culture. Cependant, si vous ignorez ce sentiment, vos chances de faire passer le message sont minces. Gardez votre calme et, dans la mesure du possible, démontrez votre ouverture. Essayez d'instaurer le dialogue tout en vous respectant et en étant réaliste quant à vos chances de succès.

Dans certains milieux, ce niveau de résistance fait partie de la culture et les relations de travail sont toujours tendues. Par principe, il y a des idées qui ne passent pas, non parce qu'elles sont mauvaises, mais parce qu'elles sont proposées par les « mauvaises » personnes.

PIERRE RÉSISTE À LA RÉSISTANCE

Pierre est de style directif/animateur. Il dirige le service des relations de travail d'une grande entreprise et s'est donné comme mission de rendre les relations patron-employés plus conviviales. Il aimerait bien voir les gestionnaires des diverses unités se ranger plus clairement derrière les positions adoptées par la direction et les défendre. Depuis longtemps, il existe un flou qui nuit à la cohérence de la gestion et, du coup, à la qualité des relations de travail.

Son côté animateur le rend sensible à son environnement : Pierre est capable de détecter la résistance avant même qu'elle soit nommée. Par contre, son côté directif (moins sensible aux émotions des autres) prend vite le dessus et il se met en mode solution dès qu'il perçoit de la résistance. Cette attitude nuit à l'expression de celle-ci chez ses interlocuteurs, qui la refoulent. Et Pierre est perçu comme un gestionnaire obtus.

Pierre doit apprendre à se taire. Plutôt que de régler le problème, il doit se limiter à aider les gens à le nommer pour se servir, ensuite, de ce qu'il aura appris afin d'améliorer l'impact de sa communication.

Quand je fais mes recommandations à Pierre, je sens chez lui une grande fatigue. Ce qu'il me confirme. Il me confie qu'à quelques années de la retraite, il se sent trop vieux pour changer. Je lui propose alors de déléguer quelqu'un qui sera plus à l'aise que lui pour aller à la pêche à l'information, quelqu'un qui se contentera d'écouter. De cette façon, Pierre pourra réagir calmement à l'information et l'intégrer à sa préparation mentale.

Pour encourager les gens à exprimer leur résistance, il faut les mettre en position de le faire, leur poser des questions ouvertes et écouter vraiment les réponses. Une question ouverte est une question à laquelle on ne peut répondre par « oui » ou par « non ». Exemples : « Je vous ai parlé de telle chose et j'ai perçu un inconfort, qu'est-ce que vous ressentez ? », « Je crois deviner que vous avez des préoccupations à propos de telle chose, qu'est-ce qui vous préoccupe ? » Vous pouvez même organiser des rencontres qui serviront à nommer les résistances. Si vous êtes en situation de changement, cela pourrait s'avérer très inspirant. Rappelez-vous que la clé est de ne pas passer en mode solution.

Stratégie 2 – Écouter avec ses oreilles

Si je prends la peine de mentionner les oreilles, c'est seulement pour rappeler qu'on écoute mieux quand on se tait. On écoute mieux quand on n'est pas en train de préparer les arguments pour contrer ce que l'autre avance. On écoute mieux quand on n'interrompt pas l'autre. Bref, on écoute mieux avec ses oreilles qu'avec sa bouche.

Pour connaître votre public et répondre à la question : « Où sont-ils ? », la première stratégie vous invitait à prêter attention au langage non verbal afin de déceler la résistance et les émotions sous-jacentes. Cela n'élimine pas la nécessité d'être attentif aussi au langage verbal. Écouter l'autre est la condition *sine qua non* pour instaurer un véritable dialogue. En vous montrant sensible à ce que l'autre vous dit, vous augmentez vos chances de lui transmettre votre idée.

Voici quelques principes à respecter pour montrer à l'autre que vous l'écoutez vraiment et que vous vous intéressez à ce qu'il dit. Attention ! S'intéresser ne signifie pas nécessairement être d'accord. Au neuvième chapitre, j'aborderai le thème de l'empathie plus en profondeur.

› **Regarder l'autre.** On écoute avec les oreilles, mais aussi avec les yeux : en maintenant votre regard sur l'autre, vous lui indiquez que vous l'écoutez, que vous êtes entièrement engagé dans la conversation. Cela vous permet aussi de voir le langage non verbal qui confirme ou infirme les propos.

› **Ne pas l'interrompre.** Si ce que l'autre vous raconte vous rappelle un événement similaire ou vous donne une idée, tournez votre langue sept fois et laissez passer l'idée. Recentrez-vous sur ce que l'autre vous dit. Si cela peut vous aider, notez votre idée. Vous pourrez y revenir plus tard, si c'est toujours pertinent.

› **Ne pas faire autre chose en même temps.** L'écoute sensible ne fait pas bon ménage avec le multitâche... Si vous gribouillez, faites de l'ordre sur votre bureau, consultez vos messages ou votre agenda pendant que l'autre vous parle, il aura l'impression que vous ne vous intéressez pas vraiment à ce qu'il dit. Ne vous empêchez pas cependant de prendre des notes sur ce qu'il dit, si cela vous aide à rester centré sur l'écoute.

Stratégie 3 – Rechercher le feedback

Ce n'est pas parce que vous avez fini de parler que la communication est terminée : il vous reste à vérifier si votre auditoire a bien reçu le message. Prévoyez ce temps. Trop souvent, les gestionnaires négligent cette étape et ne comprennent pas que leurs directives ne soient pas suivies. Comment savoir si votre auditoire a bien compris ? En le lui demandant. C'est ce que l'on appelle la « recherche de feedback ».

Il n'est pas souhaitable de valider toutes vos communications, cela pourrait même être perçu comme un manque de confiance en vous, mais lorsqu'elles impliquent des changements importants et appellent de nouveaux comportements, c'est essentiel. Souvent, le simple fait de vérifier la compréhension peut changer les choses. Comme pour beaucoup d'aspects de la communication managériale, cependant, il faut un certain doigté pour obtenir des réponses sincères : des employés peuvent avoir peur de vous déplaire, de vous froisser ou d'être mal perçus par vous ou par leurs collègues. C'est à vous de poser les bonnes questions et d'écouter les réponses.

UN ANGE EST PASSÉ

Amélie est une jeune gestionnaire dans un établissement de santé surspécialisé où les minutes sont comptées : pour rentabiliser au maximum le temps du personnel, les communications doivent être limitées au minimum. Le hic, c'est qu'il y a beaucoup d'informations opérationnelles à communiquer. Amélie organise donc des réunions d'équipe toutes les deux semaines. Elle les fait aussi brèves que possible et s'assure de passer un maximum d'information.

Deux semaines après la réunion où elle avait présenté une nouvelle procédure, elle invite un expert à s'adresser à son équipe pour approfondir le sujet. L'expert se présente, annonce le sujet et demande : « En avez-vous déjà entendu parler ? » Il y a d'abord un silence gêné, puis : « Non. » Il jette un regard vers Amélie, qui veut disparaître. Que s'est-il passé ? On ne l'a pas écoutée ? On a oublié ? On s'en fout ?

Amélie n'avait pas validé la compréhension. Elle avait l'habitude de tenir pour acquis que ses messages arrivaient à destination. Aurait-elle eu le temps de faire cette validation ? Oui. Mais nous allons poser la question autrement dans le prochain chapitre (voir *La suite de l'ange*, p. 86).

VALIDATION ET FEEDBACK SINCÈRE : COMMENT LES OBTENIR

S'assurer que les gens ont bien compris votre message correspond à un niveau élémentaire de recherche de feedback, mais vous pouvez, dans certains cas, avoir besoin de plus qu'une simple compréhension. Vous pouvez souhaiter l'implication des autres dans votre projet, vouloir leur opinion sur une décision que vous vous apprêtez à prendre ou que vous avez prise, etc. Voici quatre conditions à respecter si vous voulez obtenir du feedback sincère, de la simple validation à un feedback plus élaboré.

1. Le désirer vraiment. Si vous voulez un feedback sincère, commencez par être sincère dans votre démarche. Les employés ne sont pas dupes, ils décodent votre sincérité et votre volonté réelle d'obtenir leur avis.
2. Le demander… avec des mots. On peut décoder votre sincérité, mais on ne peut pas deviner vos questions. Il faut les poser. Évitez les questions fermées qui ne recevront qu'un « oui » ou un « non ». Posez des questions ouvertes telles que : « Avez-vous des idées pour faire de ce projet un plus grand succès encore ? », « Que feriez-vous différemment ? », « Qu'est-ce que vous en pensez ? », « Comment le recevez-vous ? », « Avec quoi partez-vous ? », etc.
3. Écouter réellement l'opinion émise. Relisez la Stratégie 2 « Écouter avec ses oreilles » et soyez attentif à votre propre langage non verbal : votre gestuelle doit être empreinte d'ouverture. Gardez les épaules détendues, les bras ouverts, et souriez. Prévoyez assez de temps à la fin de la réunion ou de l'entretien pour recueillir le feedback, cela vous aidera à rester calme et présent à la conversation.
4. Donner suite. Vous n'êtes pas obligé d'être d'accord avec toutes les opinions émises, mais démontrez que vous les prenez en considération. Si vous modifiez quelque chose à la suite du feedback reçu – ou si vous ne modifiez rien –, dites pourquoi. Si vous promettez de revenir plus tard avec une information complémentaire ou une décision, n'oubliez pas de donner suite dans un délai raisonnable.

Stratégie 4 – S'adapter au style personnel de votre interlocuteur

Si votre communication avec une personne revêt une importance capitale ou si cette personne vous intimide tout particulièrement, ou encore si vos communications s'avèrent toujours éprouvantes avec untel ou untel, vous gagnerez peut-être à connaître leur style de communication. Si vous avez l'impression que vos messages ne passent pas auprès de vos équipes en dépit de toute votre préparation mentale, il vous reste peut-être à faire un effort d'adaptation au style des autres. Depuis le premier chapitre, vous connaissez votre propre style ; vous pourriez revoir les descriptions des quatre styles qui y sont présentés pour savoir quelle voie devrait emprunter votre adaptation.

Pour mieux communiquer avec[7]...

› **Un conciliateur :** soyez aimable et ne craignez pas de parler de sujets personnels. Invitez-le à prendre des initiatives en lui offrant votre soutien. Procédez doucement, avec calme et précision.
› **Un animateur :** ouvrez la rencontre ou la communication écrite en donnant les raisons – le pourquoi – du changement et soyez enthousiaste. Faites preuve d'ouverture, mais offrez-lui un encadrement.
› **Un analytique :** abordez le sujet en expliquant le comment. Soyez patient, logique, organisé et tenez-vous-en aux faits documentés. Procédez de façon systématique et n'oubliez surtout pas de préciser les échéances.
› **Un directif :** procédez rapidement en mettant l'accent sur les résultats et en proposant une action immédiate. Allez droit au but et laissez-lui une marge de manœuvre.

Y A-T-IL UN PILOTE DANS L'AVION ?

Richard est de style conciliateur à 100 %. Il est convaincu qu'il est plus facile de rallier les gens à une décision si on les a fait participer à cette décision. Aussi, il consulte systématiquement les gens concernés, monte des comités, écoute, prend en compte, etc. Ce que Richard n'a pas vu, c'est que chez ses collaborateurs, dont plusieurs sont de style directif, cette façon de faire est perçue comme une incapacité à diriger. Cette perception nuit à son leadership, et conséquemment à son habileté à inspirer l'action.

---

7 Adapté de Solange Cormier, *op. cit.*

OUI, MAIS L'ÉQUIPAGE PARLE DANS SON DOS...

Jean-Paul est à l'opposé de Richard : c'est un directif pur. Malheureusement pour lui, il est gestionnaire dans un environnement peuplé majoritairement de conciliateurs et d'analytiques. Il dit vouloir inspirer la créativité chez ses employés, et il est sincère, mais sa façon militaire de diriger empêche l'expression de cette créativité. Son équipe le laisse prendre des décisions qu'elle dénigre par la suite. Si Jean-Paul veut rallier son équipe à ses décisions, il aurait intérêt à les consulter *avant*. Jean-Paul et Richard devraient peut-être se rencontrer...

LES CLÉS DE DEUX PUBLICS CIBLES

Les quatre stratégies précédentes vous aident à cerner l'état d'esprit de votre public sans égard au niveau hiérarchique, et elles sont valables pour l'ensemble de vos communications. Pour vous aider à orienter davantage votre préparation en fonction d'un public cible particulier, je vous propose deux clés qui m'ont été livrées par un gestionnaire inspirant que j'ai eu la chance de connaître, Michel Clair[8].

DONNER DU SENS AU TRAVAIL DES EMPLOYÉS

L'époque où il suffisait de donner des ordres pour qu'ils soient exécutés est – heureusement – révolue. Un gestionnaire qui se contenterait d'une communication « verticale » sans chercher à motiver ses troupes ne se qualifierait pas au titre de gestionnaire inspirant. Inspirer n'est pas ordonner, c'est donner envie de faire quelque chose. Pour y arriver, la première condition à remplir est de donner du sens aux actions que l'on souhaite voir réaliser. Comment arrive-t-on

8 Michel Clair est avocat et homme politique. Il fut élu à l'Assemblée nationale en 1976, puis en 1981. Il a été à la tête de différents ministères, de même qu'au Conseil du trésor. Il a été PDG d'Hydro-Québec International de 1997 à 2000 et il a présidé, en 2000-2001, la Commission Clair sur le financement des soins de santé au Québec. Il est président et chef de la direction du Groupe Santé Sedna depuis 2001.

à donner du sens ? « Ça, ça demande une préparation plus émotive que d'avoir des notes détaillées pour être sûr de ne pas oublier les 42 points qu'on veut communiquer », dit Michel Clair, un brin ironique.

Comment fait-il cette préparation ? Il se replonge dans le plan d'affaires et fait des liens : en quoi ce qu'il va annoncer est-il cohérent avec les objectifs de l'entreprise, du secteur ou de l'unité ? Il se demande où sont les employés. Quel est leur état d'esprit ? Va-t-il rencontrer de la résistance ?

Michel Clair prône aussi l'honnêteté. Exprimez vos préoccupations de façon claire et respectueuse. Il y a des problèmes à régler, des habitudes à corriger ? Dites-le franchement et poliment. Soyez positif. Trouvez les aspects positifs, soulignez les bons coups, mettez de l'avant les succès, présentez les choses de façon à ne pas décourager vos troupes. Votre rôle est de les encourager, de leur donner confiance en leur capacité de réussite. Assurez-vous de fixer des objectifs assez élevés, sinon ils ne seront pas stimulants. À l'inverse, si vos objectifs sont trop élevés et irréalisables, les gens vont décrocher.

On arrive à donner du sens à quelque chose quand on est soi-même à l'aise avec le contenu, quand on se l'est approprié et qu'on y a adhéré. Cela suppose que la haute direction vous a aussi transmis le sens des actions à mener. Vous devez vous-même sentir que vous participez aux décisions, d'une façon ou d'une autre. Comment communiquer quand vous n'êtes pas d'accord ? Nous reviendrons sur cette question avec Michel Clair au chapitre 7.

Inspirer confiance aux décideurs

Pour démontrer au comité de direction ou au conseil d'administration que vous avez confiance en vos propres moyens et en ce que vous présentez, il n'y a pas de recette miracle : il faut vous préparer. Mieux vous serez préparé, plus vous serez solide et plus vous dégagerez de la confiance. Plus vous dégagerez de confiance, plus on aura envie de vous faire confiance.

Il faut réaliser que les gens devant qui vous allez parler veulent vous entendre, sinon, vous ne seriez pas là. Cependant, ils sont exigeants, ils sont critiques, ils vont vous mettre au défi. Vous avez donc tout intérêt à prendre vous aussi une distance critique par rapport à ce que vous présentez. C'est à ce prix que vous pourrez bien posséder votre dossier. « Si vous avez balayé du revers de la main la critique d'un collègue dans une réunion de travail, soyez assuré qu'elle vous reviendra au comité de direction », prévient Michel Clair. En vous ouvrant à la critique au préalable, vous pourrez répondre aux questions qui risquent de surgir parce que vous y aurez déjà réfléchi. Sinon, vous passerez en mode défensif, ce qui ne reflète pas une grande confiance en soi. Comme le disait si bien un participant à l'une de mes formations : « La critique n'est pas une fermeture, mais une ouverture vers autre chose. »

En vous distanciant de votre projet, faites attention de ne pas perdre votre conviction : les membres des comités de direction ou des conseils d'administration sont très sensibles à l'enthousiasme. Mais n'en mettez pas trop. Ne péchez pas par optimisme, optez plutôt pour la transparence. S'il y a des points qui sont sujets à discussion dans votre dossier, parlez-en ouvertement. Cela inspire davantage confiance que l'attitude faites-moi-confiance-y-en-aura-pas-d'problèmes. Cette suffisance éveille toujours les soupçons. Les gens en face de vous ne sont pas naïfs, ils savent qu'il n'y a pas de projet sans risques et qu'il vaut mieux les aborder de front.

La Stratégie 3 « Rechercher le feedback » est valable ici comme avec les employés. Les questions que vous poserez diffèrent cependant. Quelques exemples : « Voyez-vous des risques que je n'ai pas vus ? », « Y a-t-il des personnes qui pourraient se joindre à l'équipe, au projet ? », « Avez-vous des suggestions pour améliorer le projet ? »

Questions pour ma coach sur la préparation mentale

Souvent, je n'ai pas beaucoup de temps de préparation. Sur quoi devrais-je me concentrer ?

Dans toute communication de gestion, il faut d'abord savoir ce que l'on veut accomplir. Quel est votre objectif? Pourquoi voulez-vous ou devez-vous communiquer ? Quel est le résultat escompté ? Commencez par répondre à ces questions. S'il vous reste du temps, allez chercher de l'information sur votre auditoire. Qui pouvez-vous appeler pour vous aider à en savoir plus sur lui ? Pour avoir une idée de ses préoccupations relativement à votre sujet? S'il vous reste encore du temps, mettez-le sur la préparation de votre introduction. Celle-ci doit être percutante et vous permettre d'entrer immédiatement en relation avec votre auditoire.

Quand j'ai une mauvaise nouvelle à annoncer, je n'ai aucun problème à me mettre dans la peau de l'autre, au contraire ! Je suis trop sensible et ça paraît. Comment puis-je me préparer pour me « désensibiliser » ?

Ce n'est pas un défaut d'être sensible, ni même de le montrer, mais si cela vous paralyse, pensez à ce que vous contrôlez dans cette communication : c'est vous qui décidez du moment et de la façon de communiquer la nouvelle. C'est là-dessus que vous pouvez agir. Choisissez un moment où vous vous sentez moins vulnérable. Ne le faites pas en arrivant le matin si vous savez que ça risque de ruiner le reste de votre journée, faites-le plus tard. Ce serait une bonne idée de vous exercer devant quelqu'un, idéalement quelqu'un qui accepterait de jouer le rôle de votre interlocuteur. Si vous avez répété votre communication, elle sera plus facile à livrer.

Jusqu'où doit-on aller dans la transparence ?

Faire preuve de transparence ne signifie pas tout dire. Quand on est gestionnaire, on détient de l'information privilégiée, de l'information confidentielle qui peut avoir une importance stratégique. Et nous avons un devoir de loyauté envers notre employeur. Révéler de l'information confidentielle est un moyen très sûr de perdre notre crédibilité. Un gestionnaire n'a pas à tout dire, mais c'est son rôle de trouver les mots qui permettront de donner du sens aux décisions prises par l'entreprise, décisions avec lesquelles il doit être solidaire.

Mon plan d'action pour mieux me préparer mentalement

1 – Aujourd'hui

En dressant l'inventaire de vos activités de communication au chapitre précédent, vous avez déjà identifié vos publics cibles. Revenez à cet inventaire et choisissez deux ou trois activités dans lesquelles vous êtes moins à l'aise. Répondez ensuite à la question suivante en toute honnêteté.

› En ce moment, quelle est ma préparation type en fonction de mes publics ?

ACTIVITÉ	PUBLIC CIBLE	PRÉPARATION TYPE

2 – Demain et après-demain

À partir de demain, qu'est-ce que je pourrais faire mieux ? En répondant à ce mini-questionnaire avant votre activité, vous pourrez cerner les éléments sur lesquels devrait porter plus particulièrement votre préparation. Faites-en une copie et révisez-le avant chaque activité, un peu comme le commandant révise sa *check-list* avant le décollage. Après un certain temps, vous n'en aurez plus besoin : vous aurez développé le réflexe de vous poser les bonnes questions.

Préparation mentale – ma *check-list*

› Est-ce que je vais rencontrer de la résistance ?
 ❑ Oui ❑ Non
› Comment je sais que cette résistance existe ?
 ❑ Elle a été exprimée verbalement.
 ❑ Elle s'est manifestée de manière non verbale.
 ❑ Je l'anticipe – changement de processus, mauvais résultats, nouveaux objectifs, nouvelle charge de travail, etc.
› Puis-je identifier la ou les personnes qui résistent le plus ?
› Sur quoi repose cette résistance ?
› Comment pourrais-je la désamorcer ?
 ❑ En donnant du sens à l'action demandée (en faisant des liens avec le plan d'affaires et/ou avec l'amélioration des processus, de la qualité, etc.)
 ❑ En étant préparé à répondre aux objections (parfaite connaissance du dossier, études, analyses ou projections fiables, etc.)
 ❑ Je ne vois pas comment je peux la désamorcer
› Si nécessaire, est-ce que j'ai prévu assez de temps à la fin pour aller chercher le feedback ?
 ❑ Oui ❑ Non
› Quelles questions vais-je poser pour obtenir ce feedback ?
› Suis-je dans de bonnes dispositions pour accueillir ce feedback ?
 ❑ Oui ❑ Non
› Est-ce que le style personnel de communication de mon interlocuteur s'oppose au mien ? (cf. chapitre 1)
 ❑ Oui ❑ Non ❑ Je ne sais pas
› Si oui, comment vais-je m'y adapter ?

____

____

____

Règle n° 4

Choisir le bon canal

Lorsque vous communiquez, vous passez par divers canaux – le courriel, la réunion, la rencontre individuelle, notamment. Lequel est le plus efficace pour transmettre une bonne nouvelle ? Une mauvaise ? Souffrez-vous de réunionite ? Ce chapitre constitue un petit guide du bon usage des canaux formels.

DES GESTIONNAIRES, appartenant tous à la même entreprise, me confiaient lors d'une formation qu'ils disposaient de vingt-deux canaux de communication différents. Ils ajoutaient que les employés se sentaient « bombardés ». Ils n'ont pas dit qu'ils se sentaient motivés, ni même informés. Dans votre organisation, combien comptez-vous de canaux ? Utilisez-vous toujours les mêmes ? Ont-ils l'impact que vous souhaiteriez ? Vous êtes-vous seulement déjà posé la question ? Obéissez-vous simplement à de vieux réflexes ou cherchez-vous d'abord à économiser temps et argent ? Bien que les canaux électroniques soient les plus tentants en raison de leur rapidité et de leur côté pratique, ce ne sont pas les seuls qui existent. Je vous propose de faire une brève réflexion sur les canaux les plus courants et sur l'usage que vous en faites.

Au deuxième chapitre, vous avez déjà réfléchi aux canaux en prenant conscience de vos activités de communication. Vous vous êtes demandé dans lesquels vous étiez plus à l'aise, puis vous avez fait votre « examen de conscience » quant à votre préparation. Cette étape-ci est plus technique, et les informations qu'elle contient pourront vous servir au quotidien – dans votre nouvelle routine de communication – tout comme dans l'élaboration d'un plan de communication d'envergure.

DU BON USAGE DE LA RÉUNION ET DE QUATRE AUTRES CANAUX POPULAIRES

Le courriel est-il le bon canal pour se vider le cœur ? Non, bien sûr, tout le monde le sait. Est-ce qu'une réunion est un canal inspirant quand votre objectif est d'informer ? La réponse est moins évidente. Les pages qui suivent présentent une brève analyse des cinq canaux que l'on retrouve le plus couramment dans nos organisations. Pour chacun, je donne les avantages et les inconvénients dans une perspective de gestion, suivis des recommandations d'usage.

LA RENCONTRE INDIVIDUELLE

Avantages :

› rétroaction personnelle et immédiate ;
› confidentialité ;
› communication directe et ciblée ;
› propice à l'influence et à la mobilisation.

Inconvénients :

› demande du temps ;
› engage sur le plan affectif.

Canal approprié pour :

› soutenir le développement professionnel des employés ;
› motiver ;
› reconnaître la performance ;
› négocier les conditions de travail.

Recommandations d'usage

Préparez-vous ! (cf. chapitre 3)

› Planifiez les rencontres et respectez vos engagements : si vous devez absolument reporter la rencontre, faites-le avec doigté.

› Une rencontre individuelle est une rencontre entre deux individus : évitez les sujets d'ordre général ou qui concernent toute l'équipe.

La rencontre individuelle est le canal par excellence pour tout gestionnaire qui aspire à inspirer. C'est une occasion extraordinaire de prendre le pouls de votre monde. C'est l'endroit rêvé pour donner du sens au travail de l'employé. C'est le moment ou jamais de motiver une personne qui en a particulièrement besoin, de corriger le tir, de reconnaître la contribution, d'encourager, de retenir des employés. Je ne saurais trop vous recommander de faire des rencontres individuelles régulièrement. Dans des conditions normales, une rencontre par mois devrait être suffisante, mais vous êtes la personne la mieux placée pour juger de la fréquence idéale en tenant compte de votre disponibilité, de la nature du travail et des besoins de l'employé. Par exemple, un nouvel employé devrait être rencontré plus souvent en période d'intégration, un employé qui a besoin de votre expertise pour mener à bien un dossier complexe aussi. Il va de soi qu'un employé en train de s'amender devrait être rencontré fréquemment. Planifiez vos rencontres individuelles et respectez ces rendez-vous. Votre emploi du temps est bousculé et vous n'y pouvez rien, soit, mais donnez la priorité aux rencontres individuelles : vos employés vous attendent. Ne les décevez pas. Écourtez les rencontres si nécessaire, mais ne les annulez pas.

Dans mes formations, j'entends souvent les gestionnaires se plaindre de ce que les rencontres individuelles leur demandent beaucoup de temps. Je crois plutôt qu'elles peuvent leur en faire gagner et leur éviter des mauvaises surprises. Dans une rencontre individuelle, vous captez une foule de renseignements indispensables à votre gestion : l'employé est-il en train de penser à quitter l'entreprise ? Est-il un élément destructeur, un détracteur de l'organisation ? Est-il heureux ? Ses objectifs sont-ils assez nombreux, assez élevés, trop élevés ? A-t-il les moyens nécessaires pour atteindre ces objectifs ? Une rencontre individuelle est une activité où la qualité de l'écoute est déterminante. Préparez-vous en relisant les principes de l'écoute énumérés au troisième chapitre (p. 67).

La rencontre individuelle est le moment idéal pour remettre les pendules à l'heure avec une personne dont le comportement ou la performance laisse à désirer. Comme vous y abordez les questions relatives aux conditions salariales, elle permet de faire des liens directs entre la performance et la rémunération, ce qui contribue à donner du sens au travail de l'employé.

La réunion

Avantages :

- communication directe ;
- favorise l'échange d'idées, la négociation et le développement des personnes ;
- nourrit l'esprit d'équipe et le sentiment d'appartenance ;
- permet d'obtenir du feedback, d'évaluer les réactions ;
- peut servir à transmettre des messages qui nécessitent de la discrétion. Le gestionnaire confère alors de l'importance aux personnes qui y sont invitées.

Inconvénients :

- demande de l'organisation et… une salle ;
- déplace des gens ;
- implique des coûts de déplacement, dans certains cas.

Canal approprié pour :

- activités de mobilisation et renforcement de la cohésion ;
- travaux conceptuels (élaboration de projet, remue-méninges) ;
- annonce de nouvelles importantes ;

- règlement de dossiers spécifiques qui touchent plusieurs personnes ;
- activités de reconnaissance ;
- suivi de projet.

Recommandations d'usage

- Limitez les invitations aux personnes vraiment concernées qui peuvent apporter leur contribution.
- Si l'objectif de la réunion est de faire un remue-méninges (*brainstorming*), limitez le nombre de participants à cinq et privilégiez les personnes faisant preuve d'ouverture.
- Avant d'inviter une personne juste pour ménager sa susceptibilité, appelez-la. Parlez-lui des sujets qui seront abordés et demandez-lui si elle est intéressée, si elle a du temps, etc. Elle sera sensible à votre attention.

Si l'on se fie à mon analyse, les réunions comportent peu d'inconvénients. Pourtant, elles ont beaucoup de détracteurs : elles sont trop longues, inutiles, trop fréquentes, ennuyeuses, etc. Elles ne sont pas très inspirantes. Il faut comprendre que les avantages existent seulement si la réunion a été bien préparée, si elle est bien menée, si les personnes présentes sont vraiment concernées par le sujet et si elles peuvent intervenir dans le cours des choses. Malheureusement, les réunions sont rarement bien préparées. L'acteur britannique John Cleese a d'ailleurs connu un vif succès avec une série de vidéos intitulées *Meetings, Bloody Meetings*[9], dans lesquelles il illustre de façon très convaincante (et fort divertissante) les travers de ce canal lorsqu'il est mal utilisé.

Si vous êtes un nouveau gestionnaire ou si vous avez l'impression que vos réunions ne sont pas efficaces, je vous

---

9 Ces vidéos sont offertes sur le site internet johncleesetraining.com (en anglais seulement).

conseille vivement de suivre une formation sur la préparation de réunions. Ces formations durent en général une demi-journée, et vous y apprendrez à établir l'objectif de la réunion, à dresser l'ordre du jour, à choisir les invités, etc.

LA SUITE DE L'ANGE

Amélie, que nous avons rencontrée au chapitre 2 (p. 69), doit communiquer beaucoup d'informations opérationnelles et elle a choisi de le faire dans des réunions d'équipe qu'elle tient toutes les deux semaines. Elle a été très déçue quand elle s'est aperçue qu'il lui arrivait de «passer dans le beurre». Elle me demande s'il y a des trucs pour être plus efficace sans prendre plus de temps.

Quand Amélie prépare ses réunions, elle doit avoir une idée claire de ce qu'elle veut faire. Dans le cas que nous avons vu, voulait-elle expliquer la nouvelle procédure ou seulement annoncer l'expert qui allait venir en parler à la prochaine réunion? Amélie a reconnu que, n'ayant pas défini son objectif, elle ne l'avait pas communiqué non plus. Je lui rappelle que c'est elle le patron: c'est elle qui amène les points à l'ordre du jour et c'est à elle de dire ce qu'elle attend de son auditoire.

Préparer une réunion, c'est en planifier le déroulement. Si, par exemple, vous faites une réunion pour recueillir le point de vue des autres, vous devrez prévoir des questions pour déclencher la discussion et des façons de l'animer, de sorte qu'elle atteigne votre objectif. Si celui-ci est d'informer, assurez-vous de valider que l'information a bien été comprise.

La conférence téléphonique

Avantages :

- permet d'éviter des déplacements ;
- permet d'obtenir du feedback.

Inconvénients :

- pas de contact visuel ;
- absence de langage non verbal ;
- exige de l'organisation et une technologie adéquate.

Canal approprié pour :

- annoncer des nouvelles importantes ;
- régler des problèmes spécifiques qui touchent plusieurs personnes ;
- faire le suivi de projet.

Recommandations d'usage

Bien que les conférences téléphoniques poursuivent souvent le même but que les réunions, il faut être conscient qu'elles n'ont pas le même impact. Elles sont plus efficaces si l'esprit d'équipe et le sentiment d'appartenance sont déjà construits.

Comme la réunion, la conférence téléphonique doit être bien préparée et bien menée, et les recommandations relatives à l'organisation d'une réunion s'appliquent. Pour pallier l'absence de contact visuel, assurez-vous de parler clairement, sur un ton invitant qui exprime bien votre état d'esprit. Et assurez-vous que la quincaillerie soit au rendez-vous : qualité de la ligne, des appareils, etc. Pour favoriser le sentiment d'appartenance, vous pourriez faire des conférences téléphoniques itinérantes, c'est-à-dire que la conférence est émise de différents endroits géographiques, là où sont vos diverses équipes.

La téléconférence possède les mêmes avantages que la conférence téléphonique et permet en outre un contact visuel, quoique différé. Elle est cependant plus complexe à organiser et n'a pas, non plus, autant d'impact qu'une réunion en personne.

La conversation téléphonique

Avantages :

- rétroaction immédiate ;
- communication directe et ciblée ;
- permet de gagner du temps, de réduire les déplacements.

Inconvénients :

- ne laisse pas de trace ;
- ne permet pas de décoder le langage non verbal.

Canal approprié pour :

- régler des questions urgentes ;
- demander un avis ;
- informer.

Recommandations d'usage

- Est-il nécessaire de rappeler que le téléphone n'est pas le bon canal pour annoncer les mauvaises nouvelles (congédiement, absence de bonification, etc.) ?
- En raison de l'éloignement, les rencontres individuelles peuvent se faire au téléphone, mais il faut savoir qu'elles n'ont pas le même impact que les rencontres en personne.
- Les coups de fil permettent d'« arrondir les angles », y compris si votre appel tombe dans une boîte vocale : laissez un court message pour dire merci, pour donner du feedback ou pour avertir d'un envoi par courriel sur lequel vous attendez du feedback.

La conversation téléphonique et son corollaire, le message laissé dans la boîte vocale, sont incontournables. Bien utilisés, ils offrent plusieurs avantages au gestionnaire : c'est ce qui se rapproche le plus d'une « vraie » conversation. Le langage non verbal est remplacé ici par le ton de la voix, par les soupirs, les silences... soyez-y attentif. Comme dans une conversation en face à face, il faut savoir écouter. La conversation téléphonique ne laisse pas de trace, mais le message dans la boîte vocale, oui. Soignez-le.

À propos de la boîte vocale, j'aimerais rappeler la règle d'or de son bon usage : soyez bref. Sinon, votre interlocuteur risque de supprimer le message avant d'être arrivé à la fin. Limitez-vous à l'essentiel : le moment de votre appel (jour et heure), le sujet de votre appel – sans entrer dans les détails –, ce que vous attendez de votre interlocuteur et où vous joindre, si nécessaire.

Toujours au sujet de la boîte vocale, je vous encourage à changer votre message d'accueil chaque jour, comme c'est la pratique dans les entreprises de vente où le service à la clientèle est capital. Vous n'avez peut-être pas de clients, mais vos employés méritent au moins la même attention que des clients. En informant les autres de votre absence – brève ou prolongée –, vous gérez les attentes. Si quelqu'un apprend que vous êtes en congé, que vous êtes à l'extérieur ou que vous êtes en réunion toute la journée, il ne s'attendra pas à ce que vous le rappeliez immédiatement. Changer votre message d'accueil peut devenir un réflexe quotidien comme allumer votre ordinateur. J'ai personnellement eu de la réticence à me plier à cette routine, mais aujourd'hui, c'est devenu un automatisme. N'oubliez pas : soyez bref. Et courtois.

Le courriel

Avantages :

- rapide ;
- laisse des traces, constitue une preuve de l'information ;
- uniformise l'information quand celle-ci doit être communiquée à un grand nombre de personnes ;
- augmente la productivité, car les correspondants ne sont pas interrompus ;

- le message peut être transmis à des gens non disponibles en temps réel;
- permet de gagner du temps, parce que plus succinct qu'une conversation.

Inconvénients:

- rapide;
- encombrement des boîtes – les gestionnaires traitent en moyenne 60 courriels par jour;
- impersonnel;
- peut être mal interprété.

Canal approprié pour:

- confirmer une information transmise verbalement;
- transmettre un compte rendu de rencontre;
- parler à un grand nombre d'individus;
- envoyer des documents électroniques.

Recommandations d'usage

- Quand vous êtes trop affecté par le sujet, utilisez la fonction « brouillon »… et attendez le lendemain avant d'envoyer votre message. Vous pouvez aussi vous expédier le courriel et vivre l'expérience de celui qui le reçoit avant de décider de l'envoyer…
- Le courriel est un écrit: il reste. Rédigez-le avec soin dans une langue correcte, sans fautes, et relisez-vous! La manière dont votre courriel est écrit en dit long sur vous…
- Soyez bref – de nombreuses personnes ne lisent leurs courriels que sur le petit écran de leur téléphone intelligent. Mettez les compléments d'information en pièces jointes.
- Accusez réception, même si vous ne pouvez répondre immédiatement à la requête.
- Ne mettez pas tout le monde en c.c. La manie de mettre vos patrons en copie reflète un manque d'assurance et nuit à votre réputation.
- Évitez de « répondre à tous » si la situation ne l'exige pas.

À mi-chemin entre l'écrit et l'oral, le courriel possède tous les avantages d'une lettre, mais pas ceux de la conversation : il lui manque la rétroaction instantanée. Vous devez donc lui apporter le même soin qu'à la rédaction d'une lettre et ne pas vous attendre à une réponse immédiate. À cause de sa rapidité, le courriel nous a rendus impatients : votre correspondant s'attend à ce que vous lisiez son message sur le coup et à ce que vous lui répondiez aussi vite. Mais vous n'êtes pas toujours devant votre écran. Quand une réponse rapide est nécessaire, le bon vieux téléphone demeure un excellent canal.

La rapidité des échanges par courriel nous fait parfois peser trop vite « su'l piton ». On a oublié de joindre une pièce, on s'est trompé dans les dates ou les coordonnées, on a omis de mentionner quelque chose d'important, ce qui nous oblige à envoyer un deuxième message et parfois un troisième dans des boîtes déjà surchargées… Cela ne donne pas l'image d'une personne en pleine possession de ses moyens. Relisez-vous toujours avant d'envoyer, assurez-vous que vos pièces jointes sont bien jointes et que ce sont les bonnes.

Le courriel est pratique, rapide, efficace, mais il ne remplace pas la communication directe, de personne à personne. Comme le faisait remarquer un participant à une formation : « Féliciter par courriel, c'est facile, tu peux même faire la grimace en l'écrivant. » J'ajouterais qu'annoncer une mauvaise nouvelle aussi est plus facile par courriel[10]… Mais si vous aspirez à devenir un gestionnaire inspirant, je vous recommande de privilégier les communications directes avec vos employés, que les nouvelles soient bonnes ou mauvaises.

Dans votre routine de communication (cf. chapitre 2), quelle place avez-vous faite aux communications directes

10 Selon l'International Association of Business Communicators, 28 % des mauvaises nouvelles sont annoncées par courriel… (Source : Dianna Booher, *The Voice of Authority*)

– rencontre individuelle, réunion, conversation téléphonique –, qui permettent une rétroaction instantanée ? Il est possible qu'à première vue l'utilisation de canaux plus personnels vous paraisse plus exigeante en termes de temps et d'engagement émotif, cependant il s'agit d'un investissement incontournable pour qui veut inspirer l'action.

AUTRES CANAUX FORMELS

Les cinq canaux précédents sont probablement les plus utilisés au quotidien. Il en existe quantité d'autres, qui varient d'une entreprise à l'autre. Je ne leur ai pas réservé le même traitement qu'aux précédents parce qu'ils ne sont pas les meilleurs canaux pour exercer votre influence. Cependant, ils existent et ils ont leur utilité.

La **note de service**, aussi appelée note, note d'information ou mémo, est en passe d'être supplantée par le courriel, mais subsiste dans beaucoup d'entreprises, où elle continue d'avoir sa raison d'être. Elle est généralement réservée à des informations d'ordre administratif qu'elle officialise, par exemple : annonce de changements organisationnels majeurs ou de changements de politiques ou de procédures importants qui ont un impact sur un grand nombre de personnes, information institutionnelle à grande portée, etc. Si vous devez diffuser une note de service, rappelez-vous qu'elle ne doit traiter que d'un sujet et être écrite dans un style neutre. Il n'y a pas à proprement parler d'inconvénients à la note de service, à la condition d'en faire bon usage, dans le respect des habitudes que vous pouvez observer dans votre organisation. Cela dit, c'est un canal plus d'autorité que d'influence, et son utilisation doit être limitée à des fins administratives.

Le **bulletin interne** transmet des informations officielles à un grand nombre de personnes. Il contient des nouvelles sur l'entreprise, le secteur ou l'unité. Il peut en effet exister plusieurs bulletins internes au sein d'une même entreprise, surtout si celle-ci est grande. Il est mis en forme par le service des communications ou par l'unité/secteur qui le diffuse. Si vous voulez y faire passer une nouvelle, vous devez la proposer à la personne responsable de l'édition/diffusion. Les nouvelles sont d'ordre professionnel et social – activités de promotion, bons coups, mais aussi *party* de Noël, tournoi de golf, portraits d'employés.

Le **journal interne** est distribué à l'ensemble des employés et souvent aussi aux retraités. Il est réalisé et diffusé par le service des communications de l'entreprise sur papier et/ou sur support électronique. Le journal interne traite des enjeux stratégiques de l'entreprise à un haut niveau, des réalisations et des changements importants, tout en laissant une place de choix à la vie sociale – nominations, événements sociaux, participation à des campagnes de souscription, départs à la retraite, décès.

La note de service, le bulletin et le journal internes, mais aussi les communiqués de presse sur support papier, sont appelés à disparaître. De plus en plus, ils sont déposés dans l'**Intranet**. Ce dernier remplit deux fonctions : c'est un immense classeur (plus ou moins ergonomique) où les membres de l'organisation ont accès à de l'information utile à leur travail – procédures, outils, politique des ressources humaines – et c'est un outil de diffusion. On y trouve les dernières nouvelles au sujet de la vie interne et externe de l'entreprise, y compris les concours et promotions visant à stimuler les ventes, à améliorer le service, à favoriser le recrutement, etc. Il est habituellement géré par une équipe dédiée qui délègue des administrateurs de contenu dans les divers secteurs ou unités de l'entreprise.

D'usage récent, la **messagerie instantanée** est largement utilisée dans certains milieux, notamment ceux qui sont liés aux technologies. Elle permet l'échange de messages textes – des textos – entre des usagers connectés au même réseau (Intranet et/ou Internet). Plus proche de la conversation téléphonique que du courriel, bien qu'elle passe par l'ordinateur, la messagerie instantanée permet d'obtenir un feedback immédiat puisque le dialogue se déroule en temps réel. Cependant, à défaut du langage non verbal et de la voix, ce feedback n'est que partiel. Cet inconvénient disparaît évidemment avec les fonctions vidéo et voix qui s'ajoutent dans la mesure où l'ordinateur est doté d'une caméra et d'une prise de son. Avec ces fonctions évoluées, la messagerie instantanée s'apparente à une véritable conversation et devient un canal à privilégier pour les gestionnaires qui couvrent un vaste territoire géographique, voire international. Enfin, signalons que le langage propre aux messages textes a ses règles qui diffèrent de la grammaire et de l'orthographe standards ; si elles sont bien maîtrisées par les jeunes, elles peuvent dérouter les plus vieux.

Questions pour ma coach sur le choix des canaux de communication

Dans mon équipe, il y a une « grande gueule » qui monopolise l'attention dans toutes les réunions et qui nuit au climat de bonne entente. Comment puis-je la « neutraliser » pour avoir des réunions plus efficaces ?

Si la personne nuit au climat, il faut régler le problème et il faut le faire avec elle. Vous devrez lui accorder un peu de temps, de façon individuelle. Il faudra lui dire ce que vous percevez de son influence sur le groupe. Peut-être n'est-elle pas consciente de l'impact de son comportement. Mais peut-être aussi veut-elle votre attention. Dites-lui ce que vous cherchez à accomplir avec votre équipe et demandez-lui si elle est d'accord ou non avec vos objectifs. Si elle est d'accord, tentez de voir comment vous pouvez canaliser son énergie pour la mettre au service du groupe. Donnez-lui un rôle qui la valorisera au sein de l'équipe. Faites-en une alliée. Une fois que vous aurez fait le tour de la question avec cette personne et que vous aurez convenu d'un plan d'action avec elle, vous ne devrez plus tolérer ce comportement. N'oubliez pas de le lui dire…

Est-ce que ce serait mal vu par les membres de mon équipe si je leur fournissais un modèle pour éviter qu'ils écrivent des courriels trop longs ?

Oui, ce serait mal vu. Ils auraient l'impression que vous les infantilisez. Par contre, rien ne vous empêche de dire franchement aux auteurs de courriels interminables que vous trouvez leurs messages trop longs. Mettez-les au défi de faire plus court. Et aidez-les. Mais faites-le avec une pointe d'humour et valorisez les efforts. Il vaut toujours mieux dire les choses directement que prendre des détours.

Une collègue gestionnaire m'envoie des courriels alors qu'elle est dans le bureau à côté du mien. Elle met toujours notre patron en c.c. Cela m'irrite au plus haut point et m'oblige à répondre par courriel. Comment faire pour l'amener à ce que l'on se parle de vive voix ?

Comme disent les Anglais : « *It takes two to tango.* » En lui répondant par courriel, vous acceptez de danser la même danse qu'elle. Amenez-la dans votre danse en faisant les premiers pas. Trouvez le moment opportun pour lui parler et demandez-lui : « On est voisins de bureau, pourquoi tu m'envoies ça par courriel ? Pourquoi tu mets toujours Jacques en copie ? » Il est important de poser des questions ouvertes qui lui permettront de s'exprimer. Vous pouvez commencer en lui disant ce que vous ressentez quand elle agit de la sorte et ce que vous décodez de ce comportement. Il faut un certain courage pour oser poser la question ouvertement et pour accepter la réponse. Mais si vous voulez être inspirant, vous avez certainement ce courage.

À propos des c.c., je ne saurais trop recommander à tous les gestionnaires d'être parcimonieux. L'image que vous projetez quand vous mettez toujours le patron en c.c., c'est que vous avez besoin de lui pour avoir une influence sur le destinataire. Cela ne témoigne pas de beaucoup de leadership.

J'avais des changements structurels importants à annoncer et j'ai utilisé la conférence téléphonique plutôt qu'un mémo interne. J'avais besoin de l'adhésion de mes gestionnaires, mais ça n'a pas marché aussi bien que je l'aurais voulu. Est-ce que c'était le bon canal ?

Quand on communique un changement, il faut donner la chance aux gens de le comprendre, d'y croire et de se l'approprier. Cela n'arrive pas tout d'un coup. La conférence téléphonique en soi n'était pas un mauvais canal, d'autant plus que les participants étaient répartis sur un grand territoire géographique. C'était nettement mieux que le mémo, mais ce n'était pas assez. Dans la communication du changement, vous devez vous demander quelle est l'adhésion que vous voulez obtenir, quelles sont les actions que vous attendez. Est-ce qu'il y a des gens qui sont plus réfractaires ? D'autres qui sont plus enthousiastes ? Devez-vous parler à tous en même temps ou commencer par vos sympathisants ? En pensant d'abord à votre public et au niveau d'adhésion recherché, la sélection des bons canaux devrait être plus facile. La conférence téléphonique peut en faire partie, mais elle devra être suivie d'autres communications qui emprunteront d'autres canaux : la rencontre individuelle et les réunions d'équipe, par exemple.

Mon plan d'action pour mieux choisir mes canaux de communication

En guise de plan d'action, je vous propose d'engager une réflexion sur l'usage que vous faites des cinq principaux canaux de communication. Les réponses que vous apporterez aux questions suivantes guideront vos choix futurs.

La rencontre individuelle

› En vous rapportant à votre inventaire d'activités de communication (figure 2, p. 47),
  quelle est la fréquence de vos rencontres individuelles ? ______
  combien de temps accordez-vous à leur préparation ? ______

› Diriez-vous que vos rencontres individuelles sont :
  ❑ trop longues ?
  ❑ trop courtes ?
  ❑ juste de la bonne longueur ?

› Est-ce que vous vous préparez mentalement, c'est-à-dire que vous vous demandez où se situe l'employé par rapport à son travail, à ses défis, à ses besoins ?
  ❑ Toujours ❑ Parfois ❑ Jamais

› En général, est-ce que vous parlez plus que vous n'écoutez dans ces rencontres ?
  ❑ Oui ❑ Non

La réunion

› En vous rapportant à votre inventaire d'activités de communication (figure 2),
  quelle est la fréquence de vos réunions ?
  ______ /semaine/mois/trimestre/année
  combien de temps accordez-vous à leur préparation en moyenne ? ______

› Est-ce qu'on dit de vos réunions qu'elles sont :
  - ❑ trop longues ?
  - ❑ trop courtes ?
  - ❑ juste de la bonne longueur ?

› Est-ce que vous vous préparez mentalement pour vos réunions, c'est-à-dire que vous savez où se situent les gens par rapport au sujet abordé ?
  ❑ Toujours ❑ Parfois ❑ Jamais

› Avez-vous l'impression que le message passe dans vos réunions ?
  ❑ Un peu ❑ Beaucoup ❑ Parfaitement

› Si le message ne passe pas, que pourriez-vous organiser autrement – ordre du jour, invités, endroit, moment, etc. ? ____________________

____

› Pourriez-vous remplacer les réunions par un canal dans lequel vous êtes plus à l'aise ? Si oui, lequel ? ____

____

› Serait-il aussi approprié à vos objectifs ? __________

La conférence téléphonique

› Parmi les gestionnaires que vous avez déjà entendus en conférence téléphonique, lequel trouvez-vous **le plus** inspirant ? ____________________
  Qu'est-ce qui fait qu'il est inspirant ? __________
  ____

› Parmi les gestionnaires que vous avez déjà entendus en conférence téléphonique, lequel trouvez-vous **le moins** inspirant ? ____________________
  Qu'est-ce qui fait qu'il n'est pas inspirant ? ______
  ____

› Que retenez-vous de ces deux modèles ?
  À imiter : ____________________
  ____
  À éviter : ____________________
  ____

La conversation téléphonique

Laissez-vous un message dans votre propre boîte vocale, comme si vous le laissiez à une autre personne. Puis, écoutez-le attentivement.

- Est-ce que votre message est clair ?
  ☐ Oui ☐ Non
- Comment trouvez-vous votre voix ? ______________________
  ____
- Que pourriez-vous améliorer ? ______________________
  ____

Le courriel

- Combien de courriels écrivez-vous par jour en moyenne ? ______________________
- Combien en recevez-vous ? ______________________
- Pensez aux courriels que vous avez envoyés et reçus aujourd'hui. Quelle proportion aurait pu être remplacée
  - par un coup de téléphone ?______________ %
  - par une conversation en personne ? __________ %

Règle nº 5

S'appuyer sur les canaux informels

La rumeur n'emprunte jamais les canaux formels, elle préfère, comme beaucoup d'informations vitales, les corridors, les ascenseurs, la cafétéria, les 5 à 7, les *parties*... Ce sont les canaux informels et ils méritent toute votre attention. Ce chapitre vous initie aux subtilités de ces véritables zones d'influence.

LES CANAUX INFORMELS

sont essentiels pour tout gestionnaire. Ils sont vos alliés pour obtenir des appuis et connaître l'état d'esprit de vos employés. Ils ont beaucoup à voir avec ce que l'on appelle le « *walking management* » ou MBWA[11] (« *management by walking around* »), expression difficile à traduire en français par une formule aussi imagée, qui désigne en deux mots le gestionnaire qui se promène parmi ses gens, qui écoute les suggestions et les plaintes, et reste ainsi en contact permanent avec les employés. Vous l'aurez deviné, les canaux informels sont partout sauf entre les quatre murs de votre bureau, et vous devez aller vers eux. Attention, il faut un certain sens politique pour les mettre à profit. Voyons ce qu'ils sont, à quoi ils servent et les précautions à prendre quand on les utilise.

NATURE DES CANAUX INFORMELS

Les canaux informels s'opposent aux canaux que nous avons vus dans le chapitre précédent et ils leur sont

---

11 La formule MBWA aurait été créée en réaction aux technocrates, détenteurs de MBA. Ainsi, un gestionnaire qui ne détenait pas un MBA ironisait en disant qu'il détenait un MBWA. Le MBWA met davantage l'accent sur les gens que sur les techniques de gestion.

complémentaires. Ils s'y opposent par leur nature même et ils les complètent tant par la nature de l'information qu'ils véhiculent que par leur portée.

Les canaux informels ne sont ni ascendants ni descendants : ils s'organisent plutôt en réseaux, sans suivre l'ordre hiérarchique. Ils permettent de mettre en relation des personnes qui ne communiquent pas nécessairement par les canaux formels. Par exemple, en tant que gestionnaire, vous avez accès à tous les canaux formels pour parler à vos employés, mais la réciproque n'existe pas. Les canaux formels servent à diffuser l'information institutionnelle alors que les canaux informels servent à mieux connaître les gens et à se faire mieux connaître d'eux : l'information qui circule est davantage relationnelle. Du fait qu'ils court-circuitent les liens hiérarchiques, les canaux informels peuvent permettre également d'obtenir plus rapidement une information.

Les canaux informels les plus courants sont les « réunions de corridors », les repas à la cafétéria ou au restaurant, les conversations d'ascenseur, de *parking* et de hall d'entrée, les pauses-cigarette et les pauses-café, les 5 à 7 et les *parties* d'entreprise, mais aussi les conversations téléphoniques et les courriels lorsqu'ils sont officieux et échangés sur un ton plus personnel. La messagerie instantanée est aussi un canal qui se prête aux échanges informels et spontanés.

Les canaux informels s'étendent également en dehors de votre milieu : ce sont toutes les occasions qui vous sont offertes de vous faire connaître, de rayonner, de réseauter. On pense aux déjeuners de la Chambre de commerce, aux clubs Rotary et aux tournois de golf, mais aussi aux campagnes de financement, aux conseils d'administration de sociétés philanthropiques, artistiques, sportives, à l'engagement dans la communauté, etc.

UTILITÉ DES CANAUX INFORMELS

Sources précieuses d'une information que l'on ne pourrait obtenir autrement, les canaux informels sont aussi des canaux d'influence. En réalité, beaucoup de décisions se prennent par le biais des canaux informels.

Pour prendre conscience de l'importance des canaux informels dans la vie de nos organisations, j'évoquerai une situation que vous avez peut-être déjà vécue : vous êtes dans une réunion décisionnelle où vous croyez avoir un mot à dire puisqu'on vous y a convoqué. Mais plus la réunion avance, plus vous avez la sensation que la décision a déjà été prise. Quand cela a-t-il pu se passer ? Où ? Qui était là ? À votre connaissance, il n'y a pas eu d'autre réunion ou alors on ne vous a pas invité. Dur coup pour l'ego. Il n'y a pas eu d'autre réunion formelle : les « choses se sont décidées » dans une rencontre informelle qui s'est improvisée dans le stationnement, devant les ascenseurs ou lors d'un 5 à 7, et vous n'y étiez pas parce que vous ne faites pas partie des réseaux informels.

En fréquentant les réseaux informels, on peut protéger nos arrières et créer des alliances pour faire passer nos dossiers. Les réseaux informels nous permettent de connaître le climat environnant et de savoir qui influence les décisions. Ils sont indispensables à la préparation mentale dont nous avons parlé au troisième chapitre. Ainsi, avant de foncer tête baissée vers le comité de direction avec votre idée ou d'annoncer une nouvelle importante à vos employés, prenez le téléphone et appelez deux ou trois de vos contacts pour tâter le terrain.

APPRIVOISER L'INFORMEL, DE GRÉ OU DE FORCE

Colette est gestionnaire dans le milieu de l'éducation. C'est une femme au profil analytique : elle a une pensée structurée, elle est dévouée, orientée vers les résultats, très compétente. Colette a horreur du placotage. Le bavardage dans la cuisine et autour de la machine à café, elle l'évite le plus possible : c'est une perte de temps.

Puis un jour, lors d'une rencontre individuelle avec son directeur général, elle se fait dire que tout va bien, sauf que : « Il y a quelque chose d'important que tu ne comprends pas... Tu ne fais rien dans l'informel. » Colette est outrée, mais essaie de se contenir. « Je déteste le placotage de cuisine », répond-elle à son patron. Il éclate de rire. Puis il lui propose une foule d'autres activités de communication informelles en lui expliquant en quoi elles lui permettraient de faire avancer ses dossiers. À Colette de choisir celles où elle se sent à l'aise.

Deux ans plus tard, Colette participe à l'organisation d'un tournoi de golf. Elle ne se reconnaît plus. « J'ai réalisé qu'il y a beaucoup de travail qui se fait dans l'informel, sans que ça paraisse. Moi, j'étais du genre à passer des heures et des heures à monter mes dossiers pour qu'ils soient béton, mais je m'aperçois qu'on peut s'alléger la tâche quand on passe par l'informel. Il y a des décisions qui se prennent plus facilement. » Aujourd'hui, Colette remercie son patron de l'avoir mise sur la piste.

De son côté, Olivier, nouvellement en poste, n'entre en relation avec les autres que sur la base de leur compétence. C'est un jeune homme brillant et ce n'est pas un hasard si la haute direction l'a identifié comme relève. Un jour, son patron lui suggère de « réseauter ». Comme Colette, il réagit à brûle-pourpoint : « J'haïs ça les dîners de la Chambre de commerce. Je suis pas bon dans le *small talk*. » Tout comme Colette, Olivier associe l'informel à du bavardage inutile et ennuyeux. Les deux avaient les mêmes préjugés ; ceux de Colette ont fondu, ceux d'Olivier résistent encore.

Il ressort des histoires de Colette et d'Olivier l'importance de se familiariser avec l'informel en participant à des activités qui nous ressemblent. C'est ce que Colette a fait, avec l'aide de son patron. Olivier, de son côté, ne voit toujours pas d'intérêt à « réseauter ». Il a une bonne relation avec son monde – « ils peuvent venir me voir quand ils veulent, ma porte est toujours ouverte » – et croit que cela lui suffit. Voici quelques conseils pour Olivier et pour tous ceux qui se reconnaissent dans ce portrait.

› Passez en revue les dossiers sur lesquels vous travaillez en ce moment.
  Qui pourrait vous aider à les faire avancer ?
  Qui peut influencer les décideurs ?
  Qui peut vous donner l'information manquante ?
  Comment pouvez-vous entrer en relation avec ces personnes autrement que par les canaux formels ?
› Regardez votre réseau et demandez-vous qui, à l'intérieur, pourrait vous aider à l'élargir.
› Si vous avez une compétence, une expertise particulière et que vous êtes sollicité par des gens en dehors de vos canaux habituels, ces personnes à qui vous rendez service font partie de votre réseau. N'oubliez pas d'entretenir la relation.
› Si vous êtes nouveau en poste, entrez dans le comité du *party* de Noël. Vous allez libérer ceux qui sont fatigués de s'en occuper (ils vont vous aimer) et vous allez rencontrer des gens qui n'appartiennent pas à vos réseaux.

Les canaux informels sont une mine de renseignements extrêmement riche, encore faut-il se rendre à la source. C'est à vous, en tant que gestionnaire, d'aller vers les gens, de vous présenter, de présenter les uns aux autres, de vous intéresser aux autres et d'écouter. Dans le dialogue, vous pourrez non seulement obtenir de précieux renseignements, mais vous pourrez aussi faire connaître vos valeurs personnelles, qui vous êtes, votre vision. Les canaux formels ne permettent pas cette communication, puisqu'on y véhicule les valeurs et la vision de l'entreprise.

Finalement, il faut savoir que c'est par le biais des canaux informels que naît et croît la rumeur. Un avantage à les fréquenter est donc de pouvoir désamorcer ces rumeurs avant qu'elles n'aient causé trop de dégâts. Les rumeurs naissent dans l'informel quand l'information (formelle) manque ou qu'elle est jugée inadéquate : on comble le manque en inventant l'information. Si vous fréquentez les réseaux informels, vous saurez si la rumeur circule et vous serez bien placé pour réagir. Soyez attentif à ce qui se discute autour de la table à la cafétéria : est-ce que la rumeur est fondée ? Est-ce que les gens mettent en doute l'information que vous leur avez transmise ou qui a été transmise par l'organisation ? Cette rumeur est-elle le signal d'une information insuffisante ? Quand vous aurez bien compris les racines de la rumeur, vous pourrez l'éradiquer. Si elle n'est pas fondée, expliquez pourquoi. Si l'information fait défaut ou si elle est mal interprétée, corrigez le tir. Si la rumeur reflète de la résistance (cf. chapitre 3), prenez cette résistance en compte avant de réagir. Profitez de ce moment privilégié pour répondre aux questions et aux inquiétudes, mais n'hésitez pas, vous-même, à poser des questions pour installer un véritable dialogue.

PRÉCAUTIONS D'USAGE

Vous pouvez gagner beaucoup dans la fréquentation des réseaux informels, mais vous pouvez aussi y perdre beaucoup : votre crédibilité.

Voici trois recommandations à prendre très au sérieux[12].

› Alimenter le réseau informel avec de l'information valide et fondée. Ne perdez jamais de vue que bien qu'informelle, votre communication n'en demeure

12 Ces recommandations ont été inspirées par Pierre Lainey, chargé de formation à HEC Montréal et spécialiste des comportements politiques dans les organisations.

pas moins liée à votre gestion et à votre position. La crédibilité bâtie au fil des années peut se voir détruite en quelques instants.

- Être attentif aux gens et authentique dans les échanges. Il est important de distinguer influence et manipulation. Fréquenter les réseaux informels, ce n'est pas manipuler les gens, c'est assumer son rôle et ses responsabilités de gestionnaire. Si les gens ont l'impression que vous les manipulez, votre réputation de gestionnaire sera entachée. Pour longtemps.
- Être discret. On sait tous que le pouvoir est lié à l'information ; si vous êtes attentif, vous obtiendrez beaucoup d'information par les canaux informels, mais l'information que l'on vous confie doit rester confidentielle. Si vous répétez une confidence, vous perdrez à jamais la confiance des gens.

Les gestionnaires qui évoluent avec aisance dans les réseaux informels sont ceux qui ont mérité la confiance de leurs interlocuteurs, employés et patrons. Ils n'ont pas « forcé » les réseaux informels, ils se sont montrés ouverts et on les a invités. Ce sont des gestionnaires qui reconnaissent la nécessité de rester en contact avec le terrain et de prendre en compte la dimension émotive. Ils préfèrent prendre « leurs pattes » que le téléphone : ils sortent de leur bureau. Ils savent écouter et porter un jugement sur la validité de l'information transmise.

Mais je connais aussi des gestionnaires qui ne vont jamais vers les canaux informels. La dimension politique les rebute, ils ont l'impression que c'est « sale ». Ils disent : « Je fais tellement bien mon travail, je n'ai pas besoin de ça. » Mais « ça » fait partie de leur travail. Si vous vous reconnaissez dans cette attitude, il serait opportun de vous demander d'où vient votre résistance, qu'est-ce qui vous fait peur dans « ça » ? Votre peur est-elle fondée ? Qu'avez-vous à perdre en vous intéressant aux canaux informels ?

Questions pour ma coach sur la communication informelle

Je suis très à l'aise dans les canaux formels parce que je suis dans mon rôle, mais les situations informelles m'intimident et je deviens gauche. Est-ce qu'il y a des trucs pour contrer la timidité ?

Vous avez vu juste : l'informel est plus intimidant précisément parce que vous ne pouvez pas vous « cacher » derrière un rôle. Dans l'informel, vous montrez qui vous êtes vraiment et c'est d'ailleurs là que réside tout l'intérêt : en règle générale, les gens sont plus sensibles à l'humain que vous êtes qu'au rôle que vous jouez. Cela dit, il serait bon de voir ce qui vous intimide plus précisément. Le « truc » le plus important pour évoluer avec grâce dans les situations informelles, c'est de prêter attention aux autres. Intéressez-vous à eux en posant des questions ouvertes sur ce qui les touche personnellement : les gens aiment parler d'eux, de leurs passions, de leurs défis. Et pendant ce temps, votre timidité va s'apaiser. Autre truc : commencez avec de petits groupes. Vous pouvez aussi vous initier en adoptant une position d'observateur. Observez les gens en vous tenant un peu en retrait, tout en étant présent. Prêtez attention aux comportements de ceux qui sont habiles dans les situations informelles, intéressez-vous à ce qui se passe autour de vous. Acceptez de ne pas être le centre de l'attention.

Est-ce que le fait de ne pas fréquenter les réseaux informels pourrait nuire à ma carrière ?

Peut-être pas lui nuire, mais ne pas l'avantager, certes. Cela ne veut pas dire qu'il faut aller à tous les 5 à 7, mais y être présent de temps en temps. Allez au-delà de votre groupe rapproché. Rayonnez pour vous faire connaître. Mais il importe de choisir des activités qui vous ressemblent, dans lesquelles vous êtes à l'aise, puisque celles-ci reflètent vos valeurs, au-delà de votre fonction. Si vous décidez de faire partie de conseils d'administration ou de présider des campagnes de financement, assurez-vous de choisir des causes qui sont cohérentes avec vos valeurs – humanitaires, écologiques, artistiques, éducatives : les choix ne manquent pas.

Je suis très à l'aise dans les communications informelles, mais mes supérieurs considèrent que ce type de communication ne vaut rien. Qu'est-ce que je fais ?

Il faudrait d'abord valider votre perception. Est-ce qu'ils considèrent vraiment que ça ne vaut rien ? D'où tenez-vous cette information ou cette impression ? Qu'est-ce qu'ils sous-estiment dans l'informel ? Est-ce tout l'informel ou seulement quelques activités ? Ensuite, vous devrez faire la démonstration de la valeur de l'informel. Sur un dossier précis, montrez-leur ce que ça donne, par exemple, de rencontrer les gens sur le terrain plutôt que de leur envoyer un courriel ou une note de service. Si quelqu'un ne valorise pas les réseaux informels, vous pourriez lui expliquer comment les relations informelles l'aideraient à débloquer un dossier en particulier. Amenez-le avec vous dans des activités informelles, initiez-le en quelque sorte. Donnez-lui la chance d'expérimenter lui-même les retombées positives.

Est-ce qu'une information que j'ai obtenue dans une situation informelle a autant de valeur qu'une information officielle ? Est-ce que je peux la citer ?

Une information obtenue par le biais de l'informel est généralement juste et vous devriez avoir confiance. Vous pouvez penser que la personne qui vous a livré l'information veut, tout comme vous, faire avancer le dossier ou débloquer la situation. Cependant, il pourrait être prudent de valider l'information avant de vous en servir. De plus, vous devez avoir la permission de la personne qui vous l'a livrée. Si vous transmettiez l'information sans en avoir l'autorisation, vous nuiriez gravement à votre relation avec cette personne. Les relations informelles reposent beaucoup sur la confiance, en soi et en l'autre : ne brisez pas ce lien de confiance.

Mon plan d'action pour mieux utiliser les canaux informels

Se sentir à l'aise dans les réseaux informels est une habileté à acquérir si vous voulez exercer de l'influence dans votre organisation, auprès de vos employés comme de vos patrons et de vos pairs. Cette habileté fait appel à votre sens politique, une composante essentielle de la communication managériale et, dans une certaine mesure, de toute communication. En guise de plan d'action, je vous invite d'abord à prendre conscience de votre niveau de pénétration des réseaux informels dans votre organisation. Pensez ensuite à des actions que vous pourriez entreprendre pour améliorer votre habileté ou pour la consolider.

1 – Quel est votre niveau de pénétration des réseaux informels ?

1. Avez-vous un bon réseau à l'intérieur de l'organisation ?
   ❑ Oui ❑ Non
   Combien de contacts compte-t-il ? ______________
2. Est-ce qu'on vous invite régulièrement à des rencontres informelles (dîner d'anniversaire, 5 à 7, sortie sportive, etc.) ?
   ❑ Oui ❑ Non
3. Est-ce que les gens continuent de parler quand vous vous joignez à eux alors que la conversation est déjà engagée ?
   ❑ Oui ❑ Non
4. Êtes-vous parmi les premières personnes à apprendre ce qui se passe dans la vie de votre unité, secteur ou organisation ?
   ❑ Oui ❑ Non
5. Est-ce que les employés baissent facilement la garde en votre présence ?
   ❑ Oui ❑ Non

6. Est-ce qu'on est à l'aise de vous confier des préoccupations, même en présence des autres ?
   ❑ Oui ❑ Non
7. Pour prendre le pouls des employés, savez-vous à qui vous adresser de manière informelle ?
   ❑ Oui ❑ Non
8. Si vous voulez que l'information soit relayée par les canaux informels, y a-t-il quelqu'un en qui vous pouvez avoir confiance ?
   ❑ Oui ❑ Non

Si vous avez répondu « oui » à la plupart de ces questions, vous êtes probablement à l'aise dans l'informel. S'il y a des questions auxquelles vous avez répondu « non », pensez à des actions que vous pourriez mener pour changer la situation.

Si vous avez répondu « non » à la plupart de ces questions, pensez à des actions que vous pourriez entreprendre pour vous familiariser avec l'informel.

2 – Actions à entreprendre

Si vous ne mettez jamais le nez à l'extérieur de votre bureau, n'essayez pas demain midi d'aller luncher à la cafétéria avec votre équipe. Ils vont vous voir venir avec vos gros sabots et ce sera contre-productif. La communication informelle n'est pas toujours liée à des événements, cela peut être aussi simple que de faire suivre un article à l'un de vos contacts sur un sujet qui l'intéresse. Vous pouvez aussi décider qu'une fois par mois, vous planifiez un lunch avec un contact. Chaque personne est différente et chaque organisation a sa propre culture, aussi je ne me hasarderai pas à vous proposer une liste d'activités, je vous invite plutôt à trouver les actions qui vous conviendraient.

Règle nº 6

Être crédible

La crédibilité n'est pas à proprement parler une habileté de communication, mais elle est essentielle à la communication inspirante : si les gens ne vous croient pas, le message ne passera pas. Ce chapitre contient quelques recommandations à mettre en pratique dès maintenant pour accroître et protéger votre crédibilité.

LA CRÉDIBILITÉ, C'EST CE QUE les autres perçoivent de vous. C'est votre image. Elle repose sur l'interprétation que l'on fait de vos actes, de votre façon de vous tenir parmi les gens, de ce que vous dites ou ne dites pas. Il faut parfois des années pour bâtir sa crédibilité, mais on peut la perdre en quelques instants et il est extrêmement difficile de la rétablir, voire impossible dans certains cas. La crédibilité est à la fois puissante et fragile. À travers les cinq règles qui suivent, je vous invite à voir de quoi elle se compose et comment l'entretenir jour après jour.

En guise d'entrée en matière, je vous propose un exercice : observez attentivement un communicateur que vous jugez inspirant s'adresser à un auditoire. Il peut s'agir d'un gestionnaire comme d'une personnalité publique, une personnalité politique, artistique, une personne d'affaires ou un vendeur particulièrement habile. L'auditoire peut se composer d'une ou de plusieurs personnes, la situation peut être formelle ou non. Ne prêtez pas tellement attention au message, mais plutôt à la personne qui le livre, à sa présence, son attitude, son regard, ses gestes, ses mots, la façon dont elle établit la relation avec son public. Comment se tient-elle ? Droite, voûtée, avachie ? Comment est-elle habillée ? Fait-elle beaucoup de gestes ? Que décodez-vous de ceux-ci ? A-t-elle des tics ? Est-ce qu'elle regarde les gens à qui elle parle ? Son débit est-il rapide, lent, varié ? Fait-elle des pauses ? Avez-vous l'impression que les gens l'écoutent vraiment, qu'ils la suivent ? À quoi voyez-vous cela ?

Dans mes formations, je fais cet exercice avec un communicateur exemplaire : je projette une vidéo où l'on voit Barack Obama prononcer son discours de défaite aux primaires du parti démocrate au New Hampshire[13]. Dans cet extrait vidéo, on peut voir en action les cinq composantes de la crédibilité appliquée aux leaders : l'apparence physique, le capital de sympathie, la compétence, l'expression, la cohérence.

L'APPARENCE PHYSIQUE

La crédibilité reposant sur l'image, l'apparence physique est le premier élément à prendre en compte : c'est la première chose que l'on voit de vous. Votre apparence se compose de votre posture – la façon dont vous vous tenez en présence des autres, votre démarche – mais aussi de votre allure, de votre habillement. Nous vivons dans une société et nous travaillons dans des milieux codés sur le plan vestimentaire. Bien que la tendance soit à une plus grande ouverture, même dans les milieux les plus conservateurs, il demeure qu'une bonne partie du jugement que l'on pose sur nous (et que nous posons sur les autres) dépend des vêtements que nous portons et de la manière dont nous les portons. On ne peut pas s'habiller n'importe comment ni se tenir « tout croche » quand on occupe un poste de gestionnaire. On représente notre employeur, on est l'image ambulante de l'organisation qui nous emploie. Imaginez que vous êtes à la recherche de candidats pour pourvoir à

13 Barack Obama venait de perdre contre Hillary Clinton avec deux points de différence (39 % contre 37 %). Le fameux slogan « *Yes we can* » est issu de ce discours.

deux postes très différents : PDG et préposé à l'entretien. Vous arrivez à la réception le matin des entrevues : d'un coup d'œil, vous savez qui est là pour le poste de PDG et qui est là pour le poste de préposé. Il se peut que votre jugement soit injuste ou erroné, mais vous l'avez quand même posé. Sur quoi le basez-vous ?

Même si la tendance peut vous laisser croire que tout est permis pourvu que ce soit confortable, ce n'est pas vrai. À la longue, une tenue négligée mine votre crédibilité comme gestionnaire. Choisissez des vêtements et des accessoires de qualité qui reflètent votre succès, dans la mesure de vos moyens. Évitez les bijoux trop voyants : de grosses boucles d'oreilles ou des bracelets qui font du bruit à chaque mouvement distraient votre auditoire. Habillez-vous pour vous sentir en confiance et à l'aise. N'essayez pas d'en imposer, soyez sensible au code implicite de votre milieu afin de rester dans le ton et adaptez-vous aux règles en vigueur. Si le « vendredi jeans » fait partie de la culture de l'entreprise, emboîtez le pas : cela contribue à vous rapprocher des gens.

VINCENT ET LES TATOUAGES

Vincent, nouvellement nommé gestionnaire d'une équipe de concepteurs web dont il faisait lui-même partie, demande aux gestionnaires et dirigeants réunis dans la formation *Gestionnaires inspirants* leur opinion sur les tatouages. Lui-même en porte un, noir et blanc, très beau, qui lui monte dans le cou. « Est-ce que le fait qu'une personne porte des tatouages nuit à sa crédibilité ? » demande-t-il à la ronde. La discussion s'engage et se conclut assez rapidement. Si les plus vieux admettent que c'est un frein, les plus jeunes se montrent davantage tolérants. La majorité, cependant, est d'avis que la mode du tatouage s'est aujourd'hui étendue à tous les groupes sociaux et que les dessins sur la peau ont, du coup, perdu leur connotation canaille. Cela dit, il demeure que dans les milieux plus conservateurs (finances, ministères, professions libérales, services publics, etc.), les tatouages sont mal vus. Rappelez-vous que la crédibilité est une question de perception. Dans certains milieux, le *body piercing* ne fait tiquer personne, dans d'autres, cela peut rebuter des patrons qui sont prompts à juger sur les apparences. ——

La posture

Votre apparence dépend aussi de votre posture, de la façon dont vous occupez l'espace physique, que vous soyez debout, assis ou en mouvement. La façon dont vous vous tenez en présence de l'autre ou des autres doit laisser entendre que vous vous intéressez à eux et que vous êtes abordable. Quand on observe les bons communicateurs, on remarque que leur centre de gravité est… au centre. Ils sont solides sur leurs pieds, paraissent en parfait équilibre, en parfait contrôle de leur espace. Une posture rigide donne l'impression que vous êtes rigide, une posture avachie, que vous êtes indifférent. Des épaules rondes, un dos voûté n'inspirent pas le dynamisme. Un menton toujours relevé vous donnera l'air hautain. Si vous vous tenez en retrait, on croira que vous manquez d'assurance, que vous n'osez pas prendre votre place. Si vous pianotez sur votre bureau pendant qu'on vous parle, on pensera que vous vous ennuyez ou que vous pensez à autre chose.

Depuis le début du livre, et particulièrement au troisième chapitre portant sur la préparation mentale, nous avons vu l'importance du langage non verbal pour déceler les émotions, mais surtout du point de vue de l'observateur, c'est-à-dire le langage non verbal de l'autre. Il est temps de prendre conscience de votre propre langage non verbal. Votre posture en fait partie, vos gestes et vos regards aussi. Rien ne sert de gesticuler : accordez plutôt vos gestes à votre propos de façon à attirer l'attention sur ce que vous jugez important. Regardez toujours les gens à qui vous vous adressez. Sans le regard, la dimension émotive de votre message risque de se perdre. Pour être entendu, vous devez entrer en relation avec l'autre, et le regard jette des ponts entre vous. Quand vous saluez quelqu'un, commencez par le regarder avant de lui dire « Bonjour ». Quand vous parlez devant plus d'une personne, balayez la salle du regard, tâchez de n'oublier personne.

LE CAPITAL DE SYMPATHIE

Dans l'une de mes formations, après le visionnement du discours d'Obama et la discussion sur l'apparence physique, une participante me fit remarquer que René Lévesque[14] avait été un communicateur éminemment inspirant et crédible, et que pourtant ses vêtements étaient toujours froissés, sa coiffure défaite, il était bourré de tics, bref tout le contraire de ce que l'on venait de dire sur la présence physique et l'apparence. Elle avait raison, mais René Lévesque possédait autre chose qui participe de la crédibilité : un immense capital de sympathie. Voire l'amour des gens. Certains le surnommaient « Ti-Poil », faisant ainsi preuve d'une familiarité peu commune envers un chef d'État. Cette familiarité – qui était pleine de respect – tenait en grande partie au fait qu'il laissait voir son humanité et savait faire preuve d'humilité. Il est bien connu que les gens se reconnaissent davantage dans l'histoire de ceux qui bûchent et se remettent debout que dans les *success-stories* cousues de fil d'or. Tout scénariste sait aussi qu'une bonne histoire doit avoir son lot d'obstacles : c'est grâce à eux que le public s'attache aux personnages et à leur destin.

Laisser voir son humanité, c'est reconnaître ses erreurs. Si vous avez fait une erreur, ne la rejetez pas sur les autres, reconnaissez-la et corrigez-la. Vous êtes en retard sur l'échéancier ? Ne blâmez pas les circonstances ou les autres, assumez votre retard et rattrapez-le. Si vous avez

---

14 Journaliste, puis homme politique québécois (1922-1987). Il fut, entre autres, chef du Parti québécois et premier ministre du Québec de 1976 à 1985.

quelque petit travers, n'hésitez pas à en rire : l'autodérision détend l'atmosphère et rend les gens réceptifs. On peut faire un travail sérieux, le faire sérieusement, sans se prendre au sérieux. Ne versez pas cependant dans l'autodépréciation, qui donnerait l'impression que vous manquez d'estime envers vous-même.

L'HUMILITÉ

Le pouvoir est séduisant. Les compliments gonflent à bloc et le besoin de se montrer à la hauteur peut entraîner des comportements qui ne vous rendront pas très aimable. Des exemples de comportements qui vous guettent si le pouvoir vous monte à la tête : ne pas prêter attention à ce que nous dit quelqu'un, ne pas répondre aux suggestions des gens, sourire avec ironie en réaction à la proposition de quelqu'un dans une rencontre, rouler des yeux ennuyés en réaction à un commentaire, faire une réponse truffée d'expressions techniques pour perdre votre interlocuteur ou l'impressionner… L'humilité, quand on est gestionnaire, c'est, entre autres, reconnaître que l'on ne sait pas tout, même si l'on est archicompétent.

Par ailleurs, vous n'accumulerez pas un gros capital de sympathie si vous prenez toute la place. Apprenez plutôt à la céder : vous ne perdrez en rien votre pouvoir, bien au contraire.

- Laissez vos collaborateurs livrer certains messages.
- Prenez sincèrement en compte l'opinion de l'autre si vous la demandez.
- Demandez la collaboration des autres.
- Partagez les honneurs.
- Saluez les succès des autres.

LE DERNIER ÉCHELON

Patrick a l'air d'une couverture du *GQ*: la jeune quarantaine souriante, tenue irréprochable. Mais il est aussi très compétent et très intelligent. Formé dans les grandes écoles, il possède un esprit d'analyse à toute épreuve et il est particulièrement habile dans l'écriture. Il s'exprime bien, a toujours l'air en parfait contrôle, répond aux questions du tac au tac. Il est, comme on dit, « au-dessus de ses affaires ». Sur les cinq composantes de la crédibilité, il en possède trois sans conteste. Mais son capital de sympathie est dans le rouge parce que l'humilité lui fait défaut.

Comble de malheur – mais il croit plutôt que c'est sa chance –, son patron a jeté son dévolu sur lui. Il le trouve brillant et le voit déjà en haut de l'échelle. Patrick aussi s'y voit déjà. Surtout, pense-t-il, que son patron l'aidera à grimper. Pendant ce temps, il oublie les collègues.

Les collègues, eux, ne l'oublient pas. On sait que c'est le petit préféré, le chouchou, et on le trouve « baveux ». Plus Patrick monte dans l'échelle, moins il est disponible et plus il regarde les gens de haut. Il devient carrément irascible. Puis arrive un moment où il a besoin de ses collègues pour exercer de l'influence. Mais il ne trouve personne pour l'aider. Plus tard, son protecteur part à la retraite. Patrick regarde autour de lui : personne.

Depuis, il fait un effort pour mériter la sympathie de ses employés et de ses collègues. Ses employés sont bienveillants et prêts à lui donner une seconde chance. Ce n'est pas le cas de ses pairs.

L'histoire de Patrick semble caricaturale, pourtant elle est tristement vraie. Cet homme, parfaitement compétent pour occuper les plus hautes fonctions, a plafonné parce qu'il manque d'humilité. Patrick n'est pas devenu « baveux » parce qu'il obtenait des nominations avec une apparente facilité ; il avait déjà une très haute opinion de lui-même avant même d'entrer dans l'entreprise. Toute son éducation l'avait préparé à occuper les plus hautes fonctions et à devenir un « meneur d'hommes ».

La courtoisie

Il est plus facile d'aimer une personne courtoise qu'un goujat. Les gens qui cultivent la courtoisie récoltent toujours au moins un sourire. La courtoisie rend les relations interpersonnelles et le travail plus agréables, et elle augmente votre capital de sympathie. Voici quelques petits gestes courtois :

- dire « Bonjour », « Merci », « Au revoir » ;
- aviser les gens si vous vous absentez quelques jours (n'oubliez pas le message d'accueil de votre boîte vocale) ;
- respecter les pratiques en vigueur pour la réservation de salles, l'utilisation des équipements, etc. ;
- fermer votre cellulaire quand vous êtes en réunion ou dans une rencontre, et si vous attendez un appel urgent, en aviser votre interlocuteur avant le début de la rencontre ;
- ne pas consulter votre téléavertisseur toutes les deux minutes lorsque vous êtes en réunion ou dans une rencontre ;
- ne pas lire les courriels qui entrent sur votre téléphone intelligent quand vous êtes en réunion ;
- si une conversation doit être interrompue pour répondre à un appel, être bref et revenir dès que possible à la conversation ;
- ne pas réquisitionner une salle dans laquelle une réunion bat son plein sous prétexte que vous avez tous les droits puisque vous êtes le patron.

LA COMPÉTENCE

On attend d'un gestionnaire qu'il sache de quoi il parle, c'est la moindre des choses. Si vous prenez une décision, si vous communiquez un changement, vos équipes doivent sentir que vous savez ce que vous faites. Sinon, elles ne vous suivront pas. Si vous recommandez des investissements, le comité de direction ou le conseil d'administration a besoin de savoir qu'il peut vous faire confiance. Votre compétence est au cœur de votre crédibilité. Entretenez-la. Vous auriez beau avoir de belles manières et être éminemment sympathique, votre crédibilité finira par s'effriter si votre compétence ne suit pas. C'est particulièrement vrai auprès des plus jeunes, pour qui la compétence est une vertu cardinale. Vos antécédents devraient normalement témoigner de votre compétence et justifier votre place à ce poste. N'ayez crainte de parler de vos succès, mais gardez-vous toutefois d'en faire étalage : la vanité fera fondre votre capital de sympathie et, du coup, minera votre crédibilité. Vos employés, vos pairs et vos patrons ne veulent pas tout savoir sur vous, ils veulent seulement savoir s'ils peuvent vous faire confiance. Une feuille de route bien remplie déclinée avec humilité aura toujours plus d'impact que la même feuille de route livrée avec vantardise.

S'il importe de parler de ce que l'on connaît, il faut aussi parfois taire ce que l'on sait. Je me permets d'insister sur un conseil déjà donné dans le chapitre précédent au sujet des canaux informels : respectez la confidentialité. Savoir garder une information confidentielle est une « compétence » à acquérir à tout prix si vous voulez protéger votre crédibilité et accéder à des postes supérieurs. À titre de gestionnaire et de leader, vous apprenez beaucoup de choses sur l'organisation et sur les gens. Il peut être tentant (et grisant) de répéter ce que vous savez pour prouver que vous avez du pouvoir. Retenez-vous. Vous ne prouveriez rien d'autre qu'un manque de jugement. Votre crédibilité serait entachée à jamais, malgré votre compétence.

L'EXPRESSION

Comment s'expriment les personnes que vous jugez crédibles ? À l'oral comme à l'écrit, elles structurent leur pensée de façon à être comprises. Elles ne marmonnent pas, mais s'expriment clairement, elles ar-ti-culent. Elles utilisent des mots simples pour que les gens comprennent. Elles n'ont pas un débit précipité. Vous connaissez peut-être des gens qui ont gravi les échelons et qui sont convoités du seul fait qu'ils s'expriment bien. C'est dire l'importance de cette composante dans la crédibilité. On aura par exemple tendance à prêter plus d'intelligence et de connaissances à une personne qui s'exprime avec aisance et fluidité qu'à une autre qui cherche ses mots, s'empêtre dans ses idées, hésite. La façon dont vous vous exprimez est capitale dans l'impact que vous avez sur votre auditoire.

Je ne vous apprendrai rien si je vous dis que « ce que l'on conçoit bien s'énonce clairement et les mots pour le dire arrivent aisément ». Cette phrase, extraite de l'*Art poétique* de Boileau, date du XVIIe siècle et continue d'être citée de nos jours. Parce qu'elle est toujours vraie. Je vous proposerai au chapitre 8 une méthode de préparation qui vous aidera à mettre de l'ordre dans vos idées en vue de livrer des présentations claires. Je crois sincèrement qu'en structurant votre pensée, il vous sera plus facile de l'énoncer clairement.

Le langage, c'est d'abord la voix. Une voix faible et hésitante, même si le discours est clair, ne confère pas autant de crédibilité qu'une voix forte, sûre d'elle. Une voix qui s'éteint à cause de la nervosité ne donne pas non plus beaucoup de crédibilité. Si vous devez prendre la parole en public, répétez votre discours avant, et plus d'une fois. Si vous avez tendance à vous emballer, prenez quelques respirations profondes avant de prendre la parole. Si votre diction est relâchée, entraînez-vous ! Faites des exercices de diction qui vous muscleront la bouche et vous délieront la langue. Un exercice très simple, que vous pouvez faire quelques minutes avant de prendre la parole, consiste à prononcer toutes les consonnes, associées à chacune des voyelles, en articulant clairement : ba, be, bi, bo, bu ; ka, ke, ki, ko, ku ; da, de, di, do, du, etc.

Quand vous devez répondre à des questions, prenez le temps de bien écouter et utilisez le ton juste. Ne les traitez pas avec désinvolture, cette attitude gruge votre crédibilité, et ne craignez pas le silence nécessaire à la réflexion. Votre habileté à répondre démontre votre capacité d'écoute et témoigne de votre considération pour la personne qui vous interroge. Les questions auxquelles on répond habilement font aussi grimper la perception de notre compétence.

LA COHÉRENCE

La cohérence n'est pas seulement une facette de la crédibilité, c'est une qualité maîtresse des gestionnaires inspirants. Je ne parle pas de la cohérence de votre langage, mais de la cohérence de votre comportement, du rapport étroit entre ce que vous dites et ce que vous faites, entre ce que vous dites que vous allez faire et ce que vous faites en réalité. Les beaux discours et les belles manières peuvent séduire au début, mais si votre intention est de durer, vous devez faire preuve de cohérence. Les anglophones ont une expression très imagée pour parler de la cohérence chez les gestionnaires : « *Walk the talk.* » La cohérence, c'est l'inverse de ce que les parents disaient à leurs enfants à une certaine époque : « Faites ce que je dis, mais ne faites pas ce que je fais. » Le sujet me semble assez important pour que je lui consacre le prochain chapitre au complet.

Questions pour ma coach sur la crédibilité

Est-ce que les gens attachent vraiment de l'importance aux fautes d'orthographe ?

Il faut surtout comprendre que les gens attachent des jugements de valeur aux fautes. Si vos communications sont mal rédigées – syntaxe boiteuse, fautes d'orthographe et de grammaire, pauvreté du vocabulaire –, vos lecteurs pourraient mettre votre compétence en doute, se demander par quel moyen vous êtes arrivé là où vous êtes. Une coquille, une faute de frappe peuvent être pardonnées, passer pour de l'inattention, mais les fautes qui reviennent sans cesse peuvent laisser une très mauvaise impression. Si vous doutez de vos compétences rédactionnelles, faites-vous relire par quelqu'un qui s'y connaît. Équipez-vous d'un bon logiciel de correction et imprimez votre texte pour le relire, vous y verrez mieux vos fautes qu'à l'écran.

J'ai une voix douce. Est-ce que ça peut nuire à ma crédibilité ?

Il est certain que la voix joue un rôle dans la perception que les gens ont de vous. Le ton, le registre, le débit, la force de la voix sont des aspects qui peuvent donner de vous une idée plus ou moins fidèle. Une voix douce donne l'impression d'une personne calme et sincère, aimable, mais peut dégager aussi de la fragilité et un manque d'autorité. Quand vous avez pris conscience de la qualité de votre voix, vous pouvez la modifier, dans les limites du possible, évidemment. Si elle est douce, vous gagneriez de la force en respirant en profondeur et en projetant davantage.

J'ai peur d'en imposer à cause de ma taille.

Le cliché du gentil géant n'est pas une invention d'Hollywood : il y a des personnes de grande taille qui craignent tellement d'en imposer qu'elles adoptent un comportement exagérément discret. Ainsi, un homme de plus de 1,90 m dirigeait ses réunions et faisait toutes ses présentations assis, complexé par sa stature. Ce comportement donnait une fausse image de lui : on le percevait comme un chef qui manquait d'autorité et qui était trop détaché. Si vous êtes costaud, je vous encourage à tester l'effet que votre stature a sur les autres plutôt que d'entretenir un préjugé. Osez prendre toute votre place et observez ce qui se passe. Est-ce que l'image que vous projetez est celle que vous pensiez ? Pour le savoir, soyez à l'affût de la réaction physique des gens : est-ce qu'ils reculent ou avancent vers vous ? Est-ce qu'ils sont engagés physiquement dans ce que vous dites – position ouverte des bras et des épaules, regard animé, signes de tête, etc. ? S'ils viennent vers vous, c'est que vous êtes abordable, s'ils reculent ou se referment, vous en imposez peut-être effectivement un peu trop. Mais c'est sans doute beaucoup plus votre attitude que votre taille qui pose problème. La bonne nouvelle, c'est qu'il est plus facile de changer une attitude que de raccourcir…

J'ai toujours eu l'impression que ma petite taille nuisait à ma crédibilité. Est-ce possible ?

Vos comportements ont certainement plus d'impact que votre taille. Essayez-vous de compenser en usant d'un ton autoritaire ? Êtes-vous rigide dans vos propos ? Intraitable ? Ce sont peut-être des défenses que vous avez adoptées pour lutter contre ce qui était pour vous un handicap. Aujourd'hui, ce sont ces défenses-là qui ont un impact sur votre crédibilité et non votre taille. Ce sont elles que vous devriez examiner.

Mon plan d'action pour accroître et protéger ma crédibilité

La crédibilité repose sur l'image : tout est dans la perception. Vous-même accordez plus de crédibilité à certaines personnes qu'à d'autres sur la base de leur image. Ce que vous jugez chez les autres, les autres le jugent aussi dans votre personne. Prenez-en conscience et voyez sur quelle dimension vous pouvez améliorer votre image, sans trahir qui vous êtes.

1 – Qui est pour moi une personnalité inspirante (gestionnaire ou autre) ? ________________________________

Qu'est-ce qui caractérise sa crédibilité ?

- ❑ Sa présence physique – apparence, posture, gestuelle, regard, voix
- ❑ Son capital de sympathie – humilité, courtoisie, discrétion
- ❑ Sa compétence – ses antécédents, ses succès, la confiance en ses moyens
- ❑ Son expression – discours cohérent et accessible, idées claires
- ❑ Sa cohérence – cf. chapitre 7

2 – Parmi les cinq composantes de la crédibilité, quelle est ma force à moi ?

- ❑ Ma présence physique – apparence, posture, gestuelle, regard, voix
- ❑ Mon capital de sympathie – humilité, courtoisie, discrétion
- ❑ Ma compétence – mes antécédents, mes succès, la confiance que je ressens
- ❑ Mon expression – discours cohérent et accessible, idées claires
- ❑ Ma cohérence – cf. chapitre 7

3 – Qu'est-ce que je devrais améliorer ? Comment vais-je le faire ?

- ❑ Ma présence physique – apparence, posture, gestuelle, regard, voix
- ❑ Mon capital de sympathie – humilité, courtoisie, discrétion
- ❑ Ma compétence – reconnaître ma compétence, avoir confiance en mes moyens, parfaire ma compétence
- ❑ Mon expression – discours cohérent, idées claires, choix de mots simples
- ❑ Ma cohérence – cf. chapitre 7

Une action à entreprendre et/ou une habitude à changer : ______________________________

____

____

Règle n° 7

Être cohérent

Inspirer les autres, c'est leur donner envie de nous suivre. Mais les gestionnaires qui ne font que parler ou n'appliquent pas les règles qu'ils imposent sont difficiles à suivre… Ce chapitre traite d'une composante fondamentale de la crédibilité : la cohérence. Comment la démontrer au quotidien et ne pas la perdre dans les situations critiques ?

VOUS SUIVEZ UNE VOITURE dont le clignotant annonce qu'elle va tourner à gauche, mais arrivé à l'intersection, le chauffeur décide de tourner à droite. Juste sous votre nez. Un peu plus loin, il clignote encore à gauche : vous vous méfiez. Ah ! Cette fois, il tourne effectivement à gauche. Son feu continue de clignoter et vous êtes toujours derrière lui... Vous gardez vos distances : vous n'avez aucune confiance en ce chauffard.

Combien d'employés éprouvent le même sentiment devant leur gestionnaire ? Soit parce qu'il promet des changements qui n'arrivent jamais, soit parce qu'il dit une chose et fait le contraire, soit parce qu'il a ses petits protégés. À la longue, ce comportement n'inspire que du mécontentement dans les équipes et nourrit la machine à rumeurs dans les cercles informels. La cohérence, comme les autres composantes de la crédibilité, n'est pas une habileté de communication proprement dite, mais on la retrouve chez tous les gestionnaires inspirants. Elle s'établit au fil du temps et repose sur l'harmonie entre vos paroles et vos actions, sur la logique qui tisse ces dernières, sur l'équité avec laquelle vous traitez les gens, sur les promesses que vous tenez.

Ainsi exposée, la cohérence peut sembler facile, mais dans les faits, elle est exigeante : elle demande d'avoir une vision claire, de connaître ses propres valeurs et de les respecter. Toutes les personnes en position d'influence ou d'autorité – parents, professeurs, élus, gestionnaires – doivent constamment faire face à des situations qui mettent leur cohérence à l'épreuve. C'est particulièrement vrai lors de changement majeur, de réorganisation, de rupture, de fusion, de réorientation. Comment, par exemple, rester cohérent comme gestionnaire quand on doit appliquer quelque chose qui va à l'encontre de nos valeurs ? La question mérite que l'on s'y arrête.

Je vous présente d'abord les comportements types qui expriment la cohérence des gestionnaires au quotidien. Si vous êtes aspirant gestionnaire, je vous recommande d'adopter ces comportements dès maintenant. Je vous invite ensuite à regarder les pistes à suivre en cas de dissonance. Que faire quand on n'est pas d'accord avec ce que l'on doit communiquer ? La réponse que vous donnerez à cette question aura des répercussions importantes sur votre carrière.

WALK THE TALK

« *Walk the talk*[15] » : vous connaissez probablement cette expression qui illustre à merveille la cohérence chez les gestionnaires (mais elle vaut pour tout le monde). Il serait vain d'essayer de proposer un équivalent français qui soit aussi bref, rythmé, sonore et qui en dise autant. Plutôt que de la traduire, je l'ai décomposée en comportements : tenir ses promesses, prêcher par l'exemple, renforcer les comportements souhaités et tenir sa place. Oui, il y a tout cela dans « *walk the talk* ».

---

15 L'expression complète est : « *Walk the talk, don't just talk the talk.* »

Tenir ses promesses

Les gestionnaires inspirants font ce qu'ils ont annoncé. Vous dites que vous allez expédier un rapport? Faites-le. Vous dites que vous organiserez une réunion pour faire le point sur un sujet? Organisez-la. Vous promettez à un fournisseur de l'ajouter sur la liste des soumissionnaires? Ajoutez-le. Un de vos employés vous demande du renfort, car il est débordé? Si vous lui dites que vous regarderez ce qu'il est possible de faire, assurez-vous de lui revenir. Solution trouvée ou non, faites-lui état de votre réflexion. Si vous avez promis une prime au secteur qui atteindrait tel objectif, donnez cette prime. Une des conditions pour tenir parole est sans doute de ne pas faire de promesses en l'air: avant de faire une promesse, évaluez vos possibilités de la réaliser.

Si, malgré toute votre bonne volonté, vous vous apercevez que vous n'arriverez pas à livrer ce que vous aviez promis, dites-le. Il vaut mieux revenir sur le sujet, reconnaître que vous ne pourrez pas faire ce que vous avez promis et expliquer pourquoi. Cela est préférable au silence qui pourrait faire croire que vous avez oublié ou que c'était des paroles en l'air. Méfiez-vous de la pensée magique: ce n'est pas parce que vous ne parlez pas d'un problème qu'il disparaît. Le temps qui passe n'arrangera pas les choses, il pourrait les envenimer.

JOSETTE OU LA PERLE PERDUE

De l'avis de tous dans son département, Josette est une «vraie perle», ils ne s'en passeraient pas. Elle est adjointe administrative dans l'entreprise depuis une vingtaine d'années, elle a donc connu plusieurs chefs, s'est adaptée à tous les changements technologiques et a survécu à plusieurs réorganisations sans jamais perdre son sourire ni son calme. Josette se sent tout à fait à sa place dans son rôle: elle adore rendre service et elle le fait bien. Elle connaît l'organisation sur le bout des doigts et sait toujours par où passer pour obtenir ce qu'il faut. Elle est ponctuelle, appliquée, patiente. C'est une employée exemplaire. Pour les nouveaux, c'est une bouée à laquelle ils s'accrochent pour ne pas se perdre dans les dédales administratifs. Pour les anciens, c'est la fiabilité même et la « mémoire » de l'organisation.

Depuis un peu moins de deux ans, par contre, les changements de processus, les coupures de personnel, les réorganisations n'ont cessé d'alourdir la tâche de Josette. D'un naturel accommodant, elle ne s'est pas plainte. Elle a plutôt cherché des moyens de faire plus avec moins. Elle a peu à peu allongé sa journée de travail en arrivant plus tôt le matin et en partant plus tard le soir, en grugeant sur son temps de repas. Malgré cela, elle n'y arrive plus. Sa gestionnaire n'a apparemment rien remarqué. Il faut dire qu'elle ne voit Josette en rencontre individuelle qu'une fois par année, pour son ajustement salarial.

Il y a six mois, Josette a pris son courage à deux mains et s'est ouverte à sa gestionnaire. Elle lui a demandé de l'aide. Elle évaluait qu'une ressource à temps partiel serait suffisante pour la désembourber. Sa gestionnaire l'a écoutée, a paru comprendre la demande et a même paru touchée, puis elle a promis de « voir ce que je peux faire ». Josette a attendu en vain. Les semaines puis les mois ont passé, les journées sont devenues de plus en plus longues, mais Josette n'étant pas, comme elle dit, « du genre à quémander », elle n'a pas réitéré sa demande auprès de sa gestionnaire. Puis elle a dû s'absenter pour cause de maladie. Pas un *burnout*, mais une intervention chirurgicale.

Pendant son congé de maladie, Josette a réfléchi à sa situation au travail avec une certaine amertume. Elle n'avait pas envie de retourner à son poste. Elle en a parlé à sa famille, à ses amis, et ils l'ont encouragée à « faire le saut ». Elle s'est facilement trouvé un autre emploi où elle est mieux rémunérée, puis elle a démissionné.

Dans cette histoire, ce qui me frappe, c'est la rareté des rencontres individuelles. Il est clair qu'une fois par année, ce n'est pas assez. Surtout que Josette semble être un modèle. Sa gestionnaire aurait dû lui accorder plus de temps. Et lorsque Josette, qui ne demande jamais rien, a fait sa requête, il aurait fallu reconnaître la situation et tout de suite dresser un plan d'action. Première étape : revoir Josette le plus rapidement possible pour déterminer le genre de personne à rechercher, pour faire la description de poste ou pour faire un appel à tous. Mais surtout, ne pas laisser Josette dans le néant, ce comportement est impardonnable. En résumé, la gestionnaire aurait dû au moins doubler ou tripler les rencontres individuelles avec Josette, la remercier régulièrement pour sa contribution et, puisqu'elle est autonome, l'impliquer dans la recherche d'une solution. S'il n'y a pas de budget pour l'embauche de personnel, même à temps partiel, la gestionnaire aurait dû s'asseoir avec Josette pour voir ce qu'il était possible de faire avec les ressources déjà en place, pour explorer avec elle les solutions qui étaient en son pouvoir.

Prêcher par l'exemple

Un gestionnaire demande à ses employés d'être à leur poste à 8 h 30, comme le stipule le contrat de travail, mais lui-même n'arrive jamais avant 9 heures ; une note de service a circulé interdisant toute sollicitation sur les lieux de travail, mais un gestionnaire vend quand même des barres de chocolat pour l'école de son fils ; on a annoncé un moratoire sur l'embauche dans le département, mais le gestionnaire trouve quand même le moyen d'engager… sa belle-sœur ; un employé est pénalisé pour un comportement qui était pourtant passé sous silence chez un autre employé ; un gestionnaire se plaint des nombreuses fautes dans les courriels de ses employés, mais écrit lui-même dans un français douteux… Malheureusement, je suis sûre que vous reconnaissez certaines personnes dans ces exemples. Je doute, cependant, que vous les considériez comme des gestionnaires inspirants. Évidemment, ce genre de comportement est à proscrire si vous voulez démontrer de la cohérence.

Il vous faut appliquer les règlements en vigueur de manière uniforme. Si vous dites que tel comportement peut entraîner le congédiement et qu'un employé que vous affectionnez enfreint ledit règlement, vous devriez faire ce que vous aviez annoncé. À défaut de vous conformer aux règles en place – qu'elles viennent des ressources humaines, de la sécurité, du président ou de vous-même –, vous créez de la confusion chez vos employés, nuisez à la construction de sens et enlevez toute crédibilité à vos messages futurs. Sans compter la frustration et le sentiment d'injustice que vous éveillerez chez certains. Il vous sera difficile par la suite de convaincre les gens de vous suivre.

Renforcer les comportements souhaités

Si les gens fournissent des efforts pour atteindre les résultats que vous dites rechercher, reconnaissez-les. Pas seulement une fois de temps en temps, mais de façon régulière. Vous contribuerez ainsi à donner du sens au travail de vos employés, un aspect clé de la motivation (cf. chapitre 3).

L'argent est la forme la plus usuelle de reconnaissance, mais il en existe d'autres : la reconnaissance exprimée devant les pairs et les supérieurs, l'opportunité de travailler avec des gens stimulants, la formation, les congés, etc. Plusieurs livres sont apparus sur le marché au cours des dernières années qui ont fait ressortir l'importance de la reconnaissance et qui en suggèrent diverses formes. Ces ouvrages peuvent donner des idées, mais ils ne vous fourniront pas la recette infaillible, le modèle universel. Le plus important dans la forme de reconnaissance que vous donnerez est de choisir quelque chose qui soit adapté à la personne récompensée. On a tous déjà reçu au moins un cadeau décevant dans notre vie : un cadeau qui avait été choisi en fonction des goûts du donateur ou de ses besoins, ou qui avait été acheté à la dernière minute « pour se débarrasser ». Un témoignage de reconnaissance inapproprié aura le même effet que ces cadeaux dont on ne sait comment se départir. Pour savoir ce qui fait plaisir à telle ou telle personne, ce qui la motive, soyez attentif, écoutez, observez et tournez-vous vers les réseaux informels ou, si vous n'y êtes pas à l'aise, informez-vous auprès de quelqu'un qui les fréquente.

Il est important de faire savoir aux gens que vous saurez les reconnaître, puis de les reconnaître en fonction de ce qui est le plus important pour vous. En récompensant les comportements auxquels vous accordez de l'importance, non seulement démontrerez-vous de la cohérence, mais vous contribuerez à fidéliser les employés, aspect non négligeable quand les ressources humaines se font plus difficiles à recruter et à garder.

SARAH RATE SA CIBLE

Sarah a lu les livres à la mode sur la reconnaissance des employés et le plaisir au travail, et elle en a retenu que ça pouvait « rapporter » gros. Femme d'action et d'ambition, elle n'hésite pas à recommander un rituel de reconnaissance à sa supérieure, qui achète l'idée en modifiant quelques détails. Toutes deux se disent que ça devrait faire monter la cote du secteur dans les sondages sur la satisfaction du personnel. Et c'est parti !

Sarah voit grand. Son rituel de reconnaissance s'appliquera à plus de 125 employés et trouvera son couronnement lors d'une cérémonie trimestrielle où on en profitera pour passer quelques messages corporatifs. Avec l'aide d'une précieuse informatrice qui frétille dans les réseaux informels, elle établit des catégories de trophées et conçoit une mécanique de vote. Ce ne sont pas les *boss* qui attribueront les prix, mais les pairs. Et chaque trophée sera accompagné d'un chèque.

Les bulletins de vote sont envoyés à tous les employés avec une brève présentation du « concours ». Seulement quelques bulletins reviennent remplis. Les employés ne comprennent pas trop ce nouveau concours qui s'ajoute à tous ceux relatifs à la performance. C'est du moins ce qu'on entend dans les réseaux informels, agrémenté d'ironie.

Peu importe, la cérémonie de remise des trophées a lieu à la date prévue. Les récipiendaires reçoivent leur chèque sans trop comprendre et tout le monde retourne travailler avec l'impression que cette réunion leur a volé du temps précieux. ———

Dans l'histoire de Sarah, il semble que plusieurs ingrédients manquent pour passer de l'idée au succès. D'abord, la forme de reconnaissance ne semble pas appropriée ni au gestionnaire ni aux employés. L'idée de la reconnaissance par les pairs n'est pas mauvaise en soi, encore faut-il qu'elle soit appliquée dans un milieu où cette reconnaissance a de la valeur. L'idée de remettre un chèque n'est pas non plus mauvaise en soi, mais remettre de l'argent à quelqu'un qui veut de la visibilité ou rêve d'aller assister à un colloque, c'est un coup d'épée dans l'eau. L'idée d'établir un rituel trimestriel est excellente parce que la reconnaissance est continue et que les attentes sont nommées et rappelées. Il faut cependant que le rituel soit cohérent avec la personnalité du gestionnaire et la culture du groupe. Il faut aussi qu'il soit communiqué adéquatement. Pour qu'un rituel de reconnaissance de ce genre ait l'impact souhaité, je vois plusieurs préalables : il faut que la crédibilité du gestionnaire soit à toute épreuve, sinon, ça porte flanc à la moquerie et même au cynisme ; il faut que le gestionnaire jouisse d'un bon capital de sympathie ; il faut une équipe saine où le patron fait l'unanimité. Toutes ces conditions ne me semblent pas réunies dans le cas de Sarah, qui avait précisément une cote à remonter dans les sondages. Témoigner de la reconnaissance n'est pas un remède qui guérit les blessures d'une gestion déficiente.

TENIR SA PLACE

Êtes-vous toujours gestionnaire après le travail ? Ça dépend avec qui vous vous trouvez. Le devoir de cohérence ne s'arrête pas quand vous quittez le bureau si vous restez en compagnie de vos employés, de vos collègues, de vos supérieurs ou de vos clients. Savoir tenir sa place peut représenter un défi particulier quand vous fréquentez les réseaux informels. Nous connaissons tous des histoires de *parties* de bureau qui ont coûté sa crédibilité à un collègue, de 5 à 7 qui se sont terminés au lit ou au poste de police… L'humour, l'amour et l'alcool: voilà trois ingrédients à manipuler avec une extrême précaution si vous ne voulez pas voir des années de travail constant détruites en quelques heures.

› L'humour. Si vous faites des blagues, assurez-vous que vous êtes à l'aise avec ce qu'elles véhiculent. Les blagues sexistes ou racistes peuvent blesser des gens qui vous trouvaient aimable jusque-là. En règle générale, les histoires interminables ennuient les gens : abrégez… Profitez de l'occasion pour écouter les autres, pour apprendre à les connaître.

› L'amour. L'amour au travail est un sujet très fertile : il nourrit sans trêve les rumeurs. Tout finit toujours par se savoir. Si vous décidez de vous aventurer sur ce terrain glissant, sachez à quoi vous vous exposez et à quoi vous exposez l'autre. Les « dommages collatéraux » ne sont jamais anodins.

› L'alcool. « Un verre, ça va. Deux verres, bonjour les dégâts. » Tel était le slogan d'une campagne de sensibilisation menée en France dans les années 1980. Il résume bien l'attitude à adopter à l'égard de la consommation d'alcool en présence de vos employés, de vos patrons ou de vos clients. Si vous avez du mal à vous limiter à un verre, optez pour des boissons sans alcool. Vous allez garder vos inhibitions, mais aussi votre crédibilité.

Vous connaissez peut-être des patrons ou des partenaires d'affaires qui valorisent les excès et affichent fièrement ce qui leur tient lieu d'éthique du travail : « *work hard, play hard* » (littéralement : on travaille fort, on s'amuse fort). Ils aiment les rencontres informelles marquées par les débordements d'humour, d'amour et d'alcool. Si vous évoluez dans un milieu où ce type de comportement est encore la norme, je vous conseillerais quand même de tenir votre place. En cas de doute sur le comportement à adopter, je vous suggère un petit exercice de visualisation : imaginez qu'une caméra vous filme et que vous pouvez vous voir sur grand écran, en temps réel. La personne que vous voyez est-elle cohérente avec celle qui était en réunion ou en rencontre individuelle trois heures plus tôt ?

RESTER COHÉRENT DANS LE CHANGEMENT

Nouvelle culture, nouvelle structure, nouveaux systèmes, nouvelle technologie, changements législatifs, nouvelles méthodes de travail, changement de mandat, nouveau projet, déménagement, mises à pied, nouveaux processus, transfert, vente, changement de direction, changement d'équipe… Dans toutes les entreprises, le changement semble être devenu la seule constante depuis le début du XXIe siècle. Au cœur de tous ces changements, on retrouve les gestionnaires ; on les a même appelés les « agents du changement ». Ils ont hérité d'une tâche difficile qui demande du courage.

La communication du changement est un défi que doivent relever tous les gestionnaires à des degrés divers. Le séminaire que je donne sur ce thème[16] m'amène des gens de différents milieux – privés et publics – qui partagent les mêmes soucis. Ils doivent affronter, avec un sentiment de solitude semblable, les mêmes résistances chez les employés. Ils doivent trouver le moyen de communiquer

---

16 *L'aventure du changement.* Voir lord-communication.com.

des nouvelles qui les troublent eux-mêmes. Ils savent qu'en fin d'analyse ils seront tenus responsables du succès ou de l'échec de la communication, voire de l'implantation du changement. Ils craignent d'échouer et d'être jugés. Ils viennent chercher du renfort : des outils, des stratégies, des trucs. La question de la cohérence fait partie des sujets que nous abordons parce qu'elle se pose de manière plus aiguë en situation de changement.

L'adaptation au changement

Avant d'aller plus loin, il est utile de rappeler ce qui pourra sembler une évidence : le changement dérange. Il perturbe. Le changement est une rupture. Il faut d'abord rompre avec le connu avant d'intégrer la nouvelle réalité. J'aimerais rappeler une autre évidence qu'on a tendance à oublier : tout le monde doit s'adapter au changement. Y compris vous, le gestionnaire. Tout le monde ne s'adapte pas à la même vitesse, mais tout le monde traverse plus ou moins le même processus émotionnel.

L'adaptation au changement ne se fait pas en ligne droite, mais de façon itérative. On passe par différentes phases, par des hauts et des bas, par des remises en question, on avance, on recule, on doute, on apprivoise le changement. Les phases peuvent se succéder sur une période de temps plus ou moins longue après l'annonce du changement, selon la personne et selon la nature de celui-ci. Cela peut prendre quelques minutes ou quelques semaines. Certaines personnes ne réussiront pas à compléter le processus et décrocheront en cours de route. Mais celles qui persisteront devront expérimenter le changement avant de se l'approprier et, au préalable, elles devront l'avoir compris. On imagine combien il peut être difficile pour un gestionnaire de communiquer un changement s'il est lui-même encore sous le choc de la nouvelle ou s'il est hésitant. S'il est dans le déni, est-ce que les autres vont le suivre ? Dans l'une de mes formations, un participant a émis l'hypothèse que « les bons leaders sont plus rapides à s'adapter ». Je crois plutôt que les bons leaders se donnent le temps de réfléchir.

PRÉSERVER SA COHÉRENCE EN RESPECTANT SES VALEURS

Les « bons leaders » commencent par reconnaître où ils se situent par rapport aux décisions qui ont mené au changement qu'ils doivent communiquer. S'ils sont en parfaite harmonie ou s'ils sont eux-mêmes les artisans de ces changements, la question de la cohérence ne se pose pas. Mais s'ils sont en désaccord, ils devront regarder en face les raisons de leur désaccord, départager leurs humeurs de leurs valeurs et prendre des décisions cohérentes avec qui ils sont. Ce moment critique est un épisode charnière dans une vie professionnelle. Parfois, il fait la une des journaux, quand un haut dirigeant en vue démissionne pour des raisons de divergence d'opinions, mais la plupart du temps il est vécu dans l'intimité et ne mène pas toujours à la démission.

DÉTACHÉ DE SES ÉMOTIONS, MAIS COLLÉ SUR SES VALEURS

Il m'est arrivé, dans ma vie professionnelle, de devoir assumer des décisions qui avaient été prises par un palier supérieur, que ce soit comme vice-président dans une entreprise, comme ministre ou comme sous-ministre. J'ai eu à défendre des positions qui n'étaient pas les miennes. Pour arriver à faire ça, il faut être détaché de ses émotions, mais collé sur ses valeurs.

Une des valeurs fondamentales pour moi, en tant que gestionnaire, c'est la fidélité, la loyauté à mon employeur, à la haute direction, au conseil d'administration. Alors, si je suis incapable de rester fidèle parce que je ne peux absolument pas endosser la décision, il me reste une chose à faire, c'est de ne pas la communiquer et de partir. Un cadre supérieur ne peut pas saboter les orientations prises par la direction de manière légitime. C'est inacceptable. De toute façon, quand on va à contre-courant des décisions, on est malheureux et on finit par partir ou par se faire montrer la porte.

Si on doit mobiliser une équipe vers des objectifs qui ne sont pas ceux qu'on avait choisis et proposés, la première personne à convaincre, c'est soi-même. Sinon, j'aurai beau dire ce que je voudrai, les gens ne me croiront pas et ne me suivront pas. Il faut d'abord prendre du recul. Si on a la chance de pouvoir attendre au lendemain avant de communiquer quelque chose qu'on ne possède pas dans nos tripes, ou mieux, à la semaine suivante, il faut prendre ce temps-là pour réfléchir. Une fois qu'on a défoulé notre mauvaise humeur, on se dit: «J'ai eu l'occasion d'exprimer mon point de vue et les gens qui sont légitimés pour prendre la décision en ont pris une autre. Alors maintenant, le vrai sens de la fidélité, de la loyauté, c'est de tout faire pour que cette décision-là ait du sens.» Quand on met de côté les émotions, la mauvaise humeur et qu'on essaie de s'impliquer dans la solution qui a été retenue, c'est surprenant le succès qu'on peut avoir. On peut être aussi convaincant que si on avait été en amour avec la décision.

Michel Clair, président et chef de la direction du Groupe Santé Sedna ———

Le processus illustré par le témoignage de Michel Clair peut être assez rapide – une journée –, même si plus de temps est souhaitable (une semaine). Une fois le choc absorbé et le retour sur les valeurs réalisé, on passe vite à la phase « compréhension ». Je tiens à souligner, cependant, que la réconciliation avec la décision a été possible dans ce témoignage parce que Michel Clair a, entre autres, « eu l'occasion d'exprimer [son] point de vue ». Lorsqu'une décision vous concerne, vous avez le devoir d'exprimer votre opinion si vous êtes en désaccord. Cela peut demander du courage, mais si la décision finale est contraire à votre vision, vous aurez au moins la satisfaction d'avoir émis votre opinion et il vous sera plus facile de « passer à autre chose ».

Décupler ses énergies

S'adapter au changement est un processus semblable pour tous ; seule sa durée varie en fonction de l'état d'esprit dans lequel on se trouve au départ. Certains accueillent avec engouement le changement, d'autres ne s'y font jamais. Ces derniers sont très énergivores pour un gestionnaire. Si vous devez communiquer le changement, ne gaspillez pas votre énergie et votre courage en commençant par essayer de convaincre les plus résistants, concentrez-vous plutôt sur les gens qui sont plus enthousiastes. Ils deviendront vite vos alliés et créeront un effet d'entraînement. Ils vous aideront à rester cohérent avec la décision que vous avez prise.

Questions pour ma coach sur la cohérence

Est-ce que des employés peuvent nous pardonner d'avoir manqué une fois ou deux de cohérence ?

Tout dépend de quoi il s'agit. Si vous manquez de cohérence dans l'application du règlement interne en privilégiant certaines personnes, les employés vont se forger une opinion sur vous que vous ne pourrez pas changer. Mais s'il s'agit d'une affaire relativement légère, oui, ils peuvent vous pardonner. Vous devez reconnaître que vous avez fait une erreur, puis corriger le tir.

Une fois que j'ai exprimé une idée, est-ce que je peux en changer ?

Oui, en autant que vous expliquiez la raison qui vous a amené à changer d'idée. Les gens sont intelligents, ils vont comprendre. Évidemment, cela doit rester l'exception, sinon vous projetterez l'image de quelqu'un qui ne sait pas où il va, qui est donc difficile à suivre.

Comment puis-je exprimer une dissension vis-à-vis de mon patron en face de mes employés ?

D'aucune manière. Vous devez vous rallier aux décisions prises par vos supérieurs, cela fait partie de votre devoir de loyauté. Vous pouvez dire que vous avez eu besoin de temps pour vous rallier et donner les raisons qui vous ont permis de vous réconcilier. Mais vous devez communiquer votre adhésion de manière affirmée et solidaire.

Mon plan d'action pour être cohérent

En guise de plan d'action, je vous invite à faire une petite introspection. Vous saurez ensuite quelles sont les actions à entreprendre.

1 – *Walk the talk*

› Avez-vous promis quelque chose à quelqu'un récemment – un avis, une révision salariale, un lunch, une rencontre, une prime, un logiciel, une lampe, un renseignement ?

  ❑ Oui ❑ Non

  Avez-vous tenu votre promesse ?

  ❑ Oui ❑ Non

  Sinon, quand comptez-vous le faire ? ____________

› Suivez-vous le règlement interne comme vous demandez aux autres de le suivre ?

  ❑ Oui ❑ Non

› Vos employés connaissent-ils les comportements que vous recherchez, ce qui est le plus important pour vous ?

  ❑ Oui ❑ Non

› Comment récompensez-vous les efforts que font les employés pour satisfaire vos attentes ? ____________

  ____

  ____

  ____

  Le faites-vous régulièrement ?

  ❑ Oui ❑ Non

2 – Mes valeurs comme gestionnaire

Vos valeurs sont un peu votre Nord magnétique : dans la tourmente, dans la confusion, elles pointent vers la direction à prendre, vous aident à rester cohérent. Quelles sont les valeurs les plus importantes pour vous en tant que gestionnaire? ______________________________

____

____

Règle nº 8

Être clair

Une qualité que l'on attribue spontanément aux gestionnaires inspirants, c'est la clarté : quand ils parlent, on les comprend, on sait où ils s'en vont et ce qu'ils attendent de nous. Non seulement ils savent eux-mêmes où ils vont, mais ils savent le communiquer clairement. Vous verrez dans ce chapitre comment en faire autant.

SI VOUS AVEZ MIS EN PRATIQUE les recommandations du troisième chapitre sur la préparation mentale, vous avez déjà pu observer une différence dans l'impact de vos communications. Et vous devriez déjà avoir le sentiment d'être plus clair puisqu'en vous préparant mentalement, vous avez pensé à la personne qui vous écoute avant de penser à ce que vous vouliez dire. Vous avez aussi accepté le fait que la préparation était indispensable à vos communications. Ce temps de préparation vous aura permis de prendre le recul nécessaire par rapport à ce que vous aviez à communiquer, le temps de vous l'approprier. Il est en effet difficile de donner du sens à une action si l'on n'a pas d'abord compris l'impact qu'elle aura sur les gens. Je souhaite par ailleurs que vous ayez appliqué les principes de la préparation mentale à toutes vos communications, pas seulement aux « grosses », intimidantes ou stressantes. Trop souvent, on néglige de préparer les « petites » communications à nos employés, on tient pour acquis que ce sera facile parce qu'on est en terrain familier. Résultat : on communique « sur le tas », sans trop se demander quel est notre but. Or, si vous ne connaissez pas le but de votre communication, celle-ci sera plus hasardeuse et vous serez moins clair.

Se demander « Quel est le but de ma communication ? » est au cœur de la méthode de préparation de contenu que je vous propose afin d'améliorer la clarté de vos interventions. Je sais qu'il existe plusieurs méthodes et techniques de préparation, et vous en connaissez peut-être déjà une. Mais si vous ne l'utilisez pas, c'est sans doute parce qu'elle ne répond pas à vos besoins, ne donne pas les résultats escomptés ou vous prend trop de temps. Je vous en suggère une que j'ai mise au point pour accompagner les gestionnaires et hauts dirigeants qui trouvaient que leurs communications manquaient d'impact. Cette approche s'inspire de ma propre expérience de gestionnaire et de mon expertise en communication, mais elle emprunte aussi beaucoup aux façons de faire des publicitaires, des gens qui ne peuvent se permettre de manquer leur coup et arrivent à être clairs en trente secondes, voire en quinze secondes ou en trois mots sur un panneau. Imaginez ce que vous pourriez faire en dix ou vingt minutes ! Vos messages sont généralement plus complexes que ceux des réclames publicitaires, soit, mais ils demandent autant d'attention.

Cinq questions pour être clair

Ma méthode consiste essentiellement à répondre à cinq questions.

1. À qui vous adressez-vous ?
2. De combien de temps disposez-vous ?
3. Quel est le but de votre communication ?
4. Quel message voulez-vous que les gens retiennent ?
5. Quelle information vous aidera à atteindre votre but ?

Les réponses à ces questions vous fourniront un cadre de préparation que vous pourrez appliquer à toute communication – allocution, présentation client, intervention dans un colloque, rencontre syndicale ou individuelle, entrevue télévisée, radiophonique ou journalistique, rédaction d'un *briefing*, rencontre avec votre patron, présentation d'une offre de service, lancement de projet, etc.

Au début, surtout si vous n'avez jamais préparé vos messages de façon systématique, cette approche vous demandera plus de temps que ce que vous aviez l'habitude de consacrer à votre préparation, mais une fois que vous l'aurez apprivoisée et maîtrisée, et que vous aurez développé le réflexe, vous verrez qu'elle vous fera gagner non seulement du temps, mais aussi de la crédibilité. Sans compter qu'elle vous évitera de revenir sur un message qui aurait été mal compris.

Un discours clair devrait vous permettre de vaincre le premier niveau de résistance : « J'entends ce que tu dis, mais je ne comprends pas » (cf. Stratégie 1, chapitre 3). En préparant votre message, vous mettrez aussi de l'ordre dans vos idées, ce qui vous aidera à trouver les mots justes. Rappelez-vous l'importance de l'expression comme facteur de crédibilité (cf. chapitre 6).

En ayant un discours structuré, vous serez plus facile à suivre et vous aurez plus d'impact sur votre auditoire. Autre avantage non négligeable : vous serez plus à l'aise. Quand on observe de bons communicateurs, on se dit souvent : « Pour eux, c'est facile, ils l'ont naturellement. » Détrompez-vous. Pour que les choses aient l'air d'aller de soi, elles ont été préparées. Cela dit, il y a des gestionnaires qui aiment prendre la parole devant des groupes et d'autres qui sont plus à l'aise derrière un bureau. Si, pour vous, la communication est une tâche pénible dont vous vous passeriez bien, je crois sincèrement qu'en appliquant cette approche de la clarté, vous gagnerez en assurance et en aisance. Et vous finirez par aimer communiquer, parce que vous aurez du succès. Tel est du moins mon pari.

Si vous avez une communication à faire demain ou la semaine prochaine, je vous propose de la préparer dès maintenant en vous posant ces cinq questions. Vous pouvez aussi tester cette méthode en l'appliquant à une communication que vous avez faite récemment et qui n'a pas eu l'impact que vous souhaitiez.

À la fin du plan d'action de ce chapitre, vous trouverez un modèle pour votre préparation. Faites-en des copies et utilisez-le comme aide-mémoire au début, le temps de développer vos réflexes.

À QUI VOUS ADRESSEZ-VOUS ?

Écrivez d'abord à qui s'adresse votre communication : mes employés, mon patron, des analystes, le C.A., etc. Demandez-vous ensuite dans quel état émotionnel sont ces personnes par rapport à vous et par rapport au sujet. Quelles sont leurs préoccupations ? Y a-t-il de la résistance ? Si vous avez suivi votre plan d'action du chapitre 3, la connaissance de votre cible n'a plus de mystère pour vous. Sinon, je vous invite à relire le chapitre 3 et à revoir votre plan d'action pour mieux vous préparer mentalement. Demandez-vous aussi comment cette personne ou ces personnes aiment que l'on s'adresse à eux.

DE COMBIEN DE TEMPS DISPOSEZ-VOUS ?

Notez ensuite le temps qui vous est alloué. En l'ayant en tête avant de commencer à préparer votre contenu, vous risquez moins de travailler pour rien… Inutile de prévoir une heure de contenu si vous avez cinq minutes. Si on vous a invité à prendre la parole, demandez à la personne qui l'a fait de combien de temps vous disposez. Si elle vous répond : « de 10 à 15 minutes », écrivez « 10 minutes » ; « de 10 à 20 minutes », écrivez « 10 minutes ».

En général, les gens ont tendance à préparer trop de contenu. Pour savoir si c'est votre cas, quand vous aurez terminé de rédiger votre allocution, lisez-la à voix haute, et minutez-la. À voix haute, cela signifie : en projetant et en faisant des pauses. Un texte lu dans votre tête prend beaucoup moins de temps qu'un texte lu à voix haute. Ne parlez pas trop vite ! La clarté de votre message dépend aussi de votre débit. Si vous devez précipiter votre contenu pour le faire entrer dans le temps, c'est qu'il y en a trop. N'oubliez pas de prévoir du temps pour valider que l'information a été bien comprise par votre auditoire et pour répondre aux questions.

S'il s'agit d'un texte écrit, notez le nombre de mots ou de pages. Si c'est vous qui décidez de la longueur de votre communication, ne vous étendez pas trop... pensez à votre public.

QUEL EST LE BUT DE VOTRE COMMUNICATION ?

Pourquoi voulez-vous communiquer ? Pour informer ou pour convaincre ? Pour clarifier une situation ou pour motiver des gens ? Pour récompenser un employé ou pour le sanctionner ? Pour rassurer ou pour suggérer ? Pour démentir un propos ou pour réclamer un privilège ?

Supposons que vous devez communiquer un changement organisationnel. Votre but ne sera pas de « communiquer », c'est implicite, sinon vous n'auriez pas pris la décision de cette communication. Communiquer n'est pas votre but, ce n'est que le véhicule qui vous aide à l'atteindre. Votre but pourrait être d'informer ou de rassurer ou de convaincre ou de rallier… Mais vous devez n'en avoir qu'un. Vous ne pouvez poursuivre plusieurs buts à la fois dans une même communication. Les gens à qui vous parlerez auront du mal à voir où vous vous en allez si vous courez derrière trois lièvres en même temps. Ils ne sauront pas ce que vous attendez d'eux. Par exemple : « J'aimerais les informer du changement, puis les convaincre que c'est une bonne chose afin qu'ils se rallient » ne constitue pas un but valable aux fins de votre préparation. Il s'agit de trois buts. Pour clarifier votre but, demandez-vous quel est votre objectif ultime. Dans ce cas, ce serait de rallier (« afin qu'ils se rallient »). Donc, le but de votre communication n'est pas simplement d'informer, mais de rallier votre public au changement. Pour y arriver, il est évident que vous devrez informer, mais ce n'est qu'un moyen pour atteindre votre but.

Le but que vous vous fixerez est capital : il vous aidera à définir le message que vous voulez que les gens retiennent. Il guidera le choix des informations à communiquer, de même que l'ordre dans lequel vous les communiquerez.

PERSUADER, MOBILISER OU EXIGER : LE DILEMME DE DENIS

Denis est gestionnaire dans un milieu syndiqué. Il sait que le contrat de travail l'autorise à exiger un comportement x de la part des employés, mais il veut devenir un gestionnaire inspirant : il aimerait mieux persuader les employés d'adopter le comportement x que les y contraindre. En répondant à la question « Quel est le but de ma communication ? », il écrit : « persuader », mais il ajoute « mobiliser », puis « exiger ». En fait, il se dit que s'il n'arrive pas à persuader et à mobiliser les employés, il lui reste toujours la possibilité d'exiger. Ces buts multiples s'avèrent problématiques dès l'étape suivante, à savoir : quel est le message à retenir ? Est-ce que je veux qu'ils retiennent qu'ils n'ont pas le choix d'adopter le comportement x, ou que le comportement x est souhaitable pour eux et pour le bon fonctionnement de tous les quarts de travail ?

Comme on le voit, le choix de votre but peut facilement vous remettre en question. Dans ce cas-ci, l'exercice aura permis à Denis de réaffirmer sa décision d'inspirer plutôt que d'exiger : il a supprimé « exiger ». Puis, il en est venu à éliminer « persuader » pour ne retenir que « mobiliser ». La suite de sa préparation s'est alors mise en place tout naturellement. Sa communication s'est avérée plus courte que ce qu'il avait d'abord prévu, et il a été surpris de la facilité avec laquelle il a été capable de faire le choix des éléments d'information à transmettre.

La clarté de votre communication reflète celle de votre vision. Si les choses ne sont pas claires dans votre tête, vous ne serez pas précis dans vos propos. Le choix d'un but est exigeant, mais cela vous aide à préciser la position que vous souhaitez adopter comme gestionnaire et vous met sur la piste de la cohérence. Dans le cas de Denis, il faut ajouter que la décision d'éliminer « exiger » a représenté un effort sur soi : de style directif, Denis a une tendance naturelle à exiger…

QUEL MESSAGE VOULEZ-VOUS QUE LES GENS RETIENNENT ?

Quel est votre grand message, l'idée maîtresse que vous souhaitez que les gens retiennent quand ils auront fini de vous écouter ou de vous lire ? Ce message doit être cohérent avec votre but, puisque c'est lui qui vous aidera à l'atteindre. Attention ! Il doit tenir en une seule phrase. C'est ce que les publicitaires appellent l'« axe de communication ».

Afin de cerner le grand message, demandez-vous ce que vous aimeriez que les gens répondent à la fin de votre communication si quelqu'un leur demandait : « Que retenez-vous de cette présentation ? » ou « Qu'allez-vous faire à partir de maintenant ? »

Avec le choix du but, celui du message à retenir est ce qu'il y a de plus difficile à faire. D'ailleurs, plus vous développerez vos habiletés de communication, plus vous vous apercevrez que le plus ardu dans la communication, c'est précisément de choisir. On trouve pénible de faire des choix parce que cela implique qu'il faut éliminer, et personne n'aime éliminer. Écoutez les gens inspirants – gestionnaires ou autres – et voyez comme leur message est dépouillé : ils communiquent l'essentiel. Pour arriver à faire cela, ils ont d'abord décidé de poursuivre un but clair et d'articuler leur message autour de ce but. Puis, ils ont fait des choix, éliminé le superflu.

L'erreur la plus courante quant au message à retenir consiste à écrire un long message qui contient plusieurs idées. On a tendance à penser aux messages clés que l'on veut transmettre plutôt qu'au message que l'on veut que les autres retiennent. Par exemple : vous annoncez une nouvelle structure, qu'est-ce que vous voulez que les gens retiennent ? Le nouvel organigramme ou les avantages de cette nouvelle structure pour eux et/ou pour les clients ? Votre message à retenir devrait contenir un élément qui se rapporte directement aux gens à qui il s'adresse, le bénéfice qui les touche eux, en tant qu'employés, ou encore un élément de la vision de l'entreprise (mission, plan d'affaires, etc.). Cela aide à situer l'action souhaitée dans une perspective globale. On se rallie plus facilement à une idée dont on comprend l'utilité, qu'on peut insérer dans une démarche cohérente. Pour reprendre l'exemple du changement organisationnel, le message à retenir pourrait être : ce changement nous permettra d'atteindre notre objectif de satisfaction de la clientèle.

QUELLE INFORMATION VOUS AIDERA À ATTEINDRE VOTRE BUT ?

Il faut maintenant soutenir ce que vous avancez. C'est le moment de ramasser vos éléments d'information. Si votre message est que le changement permettra d'atteindre l'objectif de satisfaction de la clientèle, quelle information devrez-vous fournir pour l'appuyer ? Il sera sans doute utile de rappeler l'objectif en question et de dire en quoi la satisfaction de la clientèle est un enjeu pour l'organisation. Il vous faudra probablement faire une démonstration ou expliquer clairement en quoi ce changement agit sur la satisfaction de la clientèle et comment sera mesuré le progrès. Si une forme quelconque de reconnaissance est rattachée à la performance dans ce changement, il faudra certainement en parler. N'oubliez pas que votre but est de rallier. Apportez les éléments d'information qui vous aideront à atteindre ce but en donnant du poids à votre message.

Dans cet exemple, je compte quatre sujets qui seront abordés : rappel de l'objectif, explication du nouveau mécanisme, mesure de la performance, programme de reconnaissance, s'il y a lieu. Il vous reste maintenant à regrouper l'information sous ces quatre sujets.

Les sujets sont un peu comme les éléments d'une table des matières. La quantité d'information que vous déciderez de consacrer à chacun dépendra du temps alloué et, bien sûr, de votre message à retenir et de votre but. Avant de décider d'un sujet et des éléments d'information à inclure, revenez à votre but et à votre message : si l'information ne sert pas à soutenir votre message et ne vous aide pas à atteindre votre but, éliminez-la. Vous avez aussi la possibilité de transmettre cette information complémentaire dans un deuxième temps, en suivant un autre canal qui serait plus approprié au but « informer ».

Une fois que vous aurez choisi vos sujets et les éléments d'information à inclure dans chacun, vous pourrez établir vos priorités. En fonction de votre but et de votre message, demandez-vous quel sujet devrait venir en premier, en deuxième et ainsi de suite. De cette façon, si le temps alloué devait être écourté sans préavis, vous vous assureriez de communiquer le plus important (en fonction de votre but et de votre message). Maintenant que vous avez réuni tous les éléments de votre communication, il vous reste à les organiser dans un déroulement facile à suivre.

S'il ne faut que quelques minutes pour lire ce qui précède, il en faut un peu plus pour le mettre en pratique[17], surtout les premières fois. Comme toute chose

---

17 Pour approfondir cette approche, consultez lord-communication.com afin de connaître l'horaire des séminaires *Mieux communiquer pour mieux diriger. Application pratique avec captation vidéo et feedback.* Ce séminaire est suivi de coaching individuel.

qui s'acquiert avec la pratique, plus vous utiliserez cette méthode, plus ce sera facile. Et soyez prévenu : le plaisir de communiquer croît avec l'usage.

Questions pour ma coach sur la clarté

Je déborde presque toujours du temps qui m'est alloué parce que j'ai tendance à digresser. Est-ce qu'il y a un truc pour éviter ça ?

Restez concentré sur le but de votre communication, sur votre message à retenir. Soyez attentif au non verbal. Normalement, on peut décoder, dans le langage non verbal de notre interlocuteur, si on s'éloigne du sujet. Vous pouvez aussi donner la permission à l'autre de vous ramener sur le sujet s'il constate que vous vous en éloignez.

J'ai beau être préparée, si on me pose une question que je n'avais pas vu venir, je perds mes moyens.

Dites-vous que la personne qui vous pose la question est intéressée par la communication que vous êtes en train de faire et accueillez la question avec un esprit ouvert. Si vous n'avez pas la réponse, c'est probablement parce que c'est un nouvel élément ou que c'est hors propos. Vous pouvez demander que l'on reformule la question pour vous assurer de bien la comprendre et pour vous donner le temps de réfléchir. Si vous n'avez toujours pas la réponse, dites-le et promettez de la fournir dans un avenir proche.

Est-ce que c'est une bonne idée de dire le message à retenir ou devrait-on le garder pour soi ?

C'est une excellente idée de le dire en introduction. Cela situe votre public et concentre son attention sur ce que vous voulez qu'il retienne. Les gens auront plus de facilité à vous suivre s'ils savent ce que vous attendez d'eux.

Mon plan d'action pour être plus clair

1 – Utiliser la méthode des cinq questions pour préparer ma prochaine communication…

- ❑ aux employés
- ❑ à mes collaborateurs
- ❑ à mon supérieur immédiat
- ❑ au conseil d'administration
- ❑ au comité de gestion
- ❑ à mes collègues
- ❑ à la haute direction
- ❑ aux médias

2 – M'auto-évaluer par la suite

Votre auto-évaluation repose sur la perception que vous-même avez de votre prestation ; cependant, vous pouvez vérifier la justesse de cette perception en validant la compréhension de votre message auprès de votre auditoire à la fin de votre intervention. N'oubliez pas de poser des questions ouvertes, c'est-à-dire auxquelles on ne peut répondre par « oui » ou par « non ».

Sur une échelle de 1 à 10, étais-je clair ?

1 2 3 4 5 6 7 8 9 10

Pas clair Très clair

3 – Mesurer la différence d'impact en comparant avec d'anciennes communications similaires qui n'avaient pas été préparées de la sorte

Mon impact a été :

❑ pareil ❑ plus grand ❑ plus petit

Si l'impact a été pareil ou plus petit, qu'est-ce qui n'a pas marché et que vais-je faire différemment la prochaine fois ? ____________________

4 – Mesurer la différence d'énergie ressentie à la fin de la communication par rapport à une communication équivalente non préparée

Mon niveau d'énergie était :

❑ pareil ❑ plus élevé ❑ plus bas

Les cinq questions (modèle)

1 – À qui je m'adresse ? ____________________

Vais-je rencontrer de la résistance ? De quel niveau ?

____

À quel autre sentiment puis-je m'attendre ? __________

____

Que savent-ils du sujet ? ____________________

Autre facteur à prendre en considération : __________

____

2 – Je dispose de combien de temps ? __________ minutes

Ou quelle est la longueur du texte ? ____ mots/pages

3 – Quel est le but de ma communication ? __________

____________________ (verbe d'action)

4 – Quel est le message que je veux qu'ils retiennent ?

____

5 – Quelle information m'aidera à atteindre mon but ?

SUJETS	ÉLÉMENTS D'INFORMATION	PRIORITÉ

Règle n° 9

Faire preuve d'empathie

Inspirer, c'est parler, écrire, émettre des messages, mais c'est aussi écouter et recevoir des messages. De la part de vos employés, de vos pairs, de vos patrons, de vos fournisseurs, de vos clients. Ce chapitre vous donne la clé pour décoder ces messages au-delà des mots et, ainsi, accroître la qualité de votre communication.

EN TANT QUE GESTIONNAIRE, vous avez souvent à faire face à des sentiments de succès et d'échec, de fierté et de frustration, de déception, de colère… Lorsqu'une personne est en proie à une émotion, elle n'arrive pas toujours à l'exprimer clairement, souvent « ça sort tout croche » ou, pire, ça ne sort pas du tout. C'est à ce moment-là que, paradoxalement, ça prend le plus de place, faisant obstacle à une véritable communication. Pour désamorcer les tensions, vous devez faire preuve d'empathie. C'est à cette condition que vous pourrez établir un climat de confiance favorable au succès de votre communication.

Dans mes formations, quand on arrive au thème de l'empathie, je sens presque toujours de la résistance dans une partie du groupe. On se méfie. « Où va-t-elle nous entraîner ? On est des gestionnaires, pas des psys ! Je ne voudrais pas me retrouver avec le problème de l'autre », puis-je lire dans les regards perplexes et les silences gênés. La méprise vient de la confusion entre les concepts d'empathie et de compassion, entre empathie et sympathie, puis entre écoute active et inaction ou perte de temps. Il importe donc de clarifier ce qu'est l'empathie dans un rôle de gestionnaire et de comprendre à quoi elle sert dans vos communications. Encore une fois, mon ambition n'est pas de vous faire passer plus de temps à communiquer, mais de vous outiller pour que le temps que vous passez vous rapproche chaque jour un peu plus de votre objectif : être un gestionnaire inspirant.

POURQUOI FAIRE PREUVE D'EMPATHIE ?

Acquérir la capacité d'écoute empathique n'est pas une fin en soi, mais un moyen. Un moyen de faire avancer la discussion en diminuant la charge des émotions. Si une personne est très frustrée ou que vous vous sentez attaqué par ses questions et commentaires et faites fi du sentiment qu'elle porte, vous risquez de tourner en rond et de ne rien régler. L'autre partira avec sa frustration, maintenant doublée de la déception envers son patron qui n'a pas su l'écouter et le comprendre. Votre communication aura été contre-productive et pourrait trouver écho dans les réseaux informels qui sont, vous le savez bien, des exutoires de premier choix. Au final, vous n'aurez pas avancé d'un pouce et votre crédibilité risque de reculer d'un pied. Si, au contraire, vous êtes capable de faire preuve d'empathie, vous reconnaîtrez le sentiment de frustration, le nommerez, pourrez laisser l'autre l'évacuer et ensuite passer avec lui à un échange constructif.

L'écoute empathique permet à l'autre de manifester également des sentiments positifs. Quand on peut aider l'autre à nommer l'émotion négative qui l'anime, c'est un peu comme si on l'aidait à franchir le mur qui l'empêche d'avoir une vision plus large et plus objective de la situation. Les faits sont plus faciles à rétablir quand ils sont dépouillés de leur charge émotive.

Les leaders qui savent faire preuve d'empathie jouissent toujours d'un fort capital de sympathie, ils sont perçus comme des personnes « humaines » : des caractéristiques qui contribuent énormément à augmenter leur crédibilité (cf. chapitre 6). L'empathie permet en effet d'accroître la confiance chez votre interlocuteur et de faire en sorte que vos échanges se déroulent dans un climat de respect mutuel. Comment arrive-t-on à l'écoute empathique ? En reconnaissant son utilité et en s'engageant à la mettre en pratique. Mais avant toute chose, en comprenant bien ce qu'est l'empathie et ce qu'elle n'est pas.

EMPATHIE, SYMPATHIE ET COMPASSION

L'empathie est une forme de compréhension qui repose sur la perception : au-delà des mots ou des gestes, une personne qui fait preuve d'empathie est capable de saisir l'émotion qui habite l'autre et de la nommer. Elle ne ressent pas elle-même cette émotion, elle se limite à la reconnaître. On dit que l'empathie est l'aptitude à se mettre à la place de l'autre ; je dirais que c'est plus simplement la capacité de se taire pour se centrer sur le sentiment ou l'émotion de l'autre. Vous n'avez pas besoin de vous mettre dans la peau de l'autre pour comprendre ce qu'il ressent. Mais vous avez besoin d'être attentif, de l'écouter vraiment, en vous taisant et en faisant taire le petit juge en vous. Être empathique, c'est écouter sans porter de jugement de valeur.

La sympathie, quant à elle, n'est pas synonyme tant de compréhension que de communauté d'esprits, d'affinités, de partage. On trouve une personne sympathique ou antipathique, on aime être en compagnie de cette personne ou on la fuit. Quand on ressent de la sympathie pour quelqu'un, on ne cherche pas tant à la comprendre qu'à passer du temps avec elle. En comparaison, l'empathie n'est pas un sentiment que l'on a pour l'autre, c'est un processus pour comprendre l'autre. Autre distinction importante : la sympathie ne s'acquiert pas, on est ou on n'est pas sympathique. La capacité d'empathie, elle, peut s'acquérir et se développer. Tout le monde est capable de faire preuve d'empathie.

La compassion n'est pas de l'empathie ni de la sympathie. Le mot « compassion » signifie littéralement « souffrir (passion) avec (com) ». Quand on fait preuve de compassion, on ressent l'émotion de l'autre, on « souffre avec » lui. On s'identifie avec ce que l'autre ressent. Ce n'est pas le cas de l'empathie. Quand on fait preuve d'empathie, on ne s'oublie pas, on ne se perd pas dans le sentiment de l'autre, on met seulement sur « pause » notre tendance à juger et à vouloir régler le problème. Quand on écoute avec empathie, on n'est pas en train de prendre sur nous le problème de l'autre, on n'est pas non plus en train de dire qu'on est d'accord. On ne cherche pas à mettre le doigt sur la solution, mais plutôt sur le sentiment qui habite l'autre, sans le prendre sur ses épaules.

Être empathique, ce n'est donc pas être d'accord avec l'autre, ce n'est pas ressentir l'émotion de l'autre et réagir à sa place, ce n'est pas non plus trouver une solution à sa place. Être empathique, c'est démontrer à l'autre qu'on comprend ce qu'il vit. En revenant toujours à la question : « Quel est son sentiment en ce moment ? », on arrive à l'écouter, à le comprendre, tout en gardant ses distances.

PETIT MODE D'EMPLOI DE L'EMPATHIE

Il n'est pas facile d'être empathique quand on est habitué à porter un jugement rapide sur ce qui se passe autour de nous et sur les gens. Quand on est naturellement porté vers la recherche de solutions, l'écoute empathique nous semble pratiquement contre nature. Quand on croit que le rôle d'un gestionnaire est de trouver des solutions à tous les problèmes – la meilleure dans le moins de temps possible –, il est clair que l'écoute empathique peut ressembler à un boulet qui nous ralentit. Je ne m'étonne pas que le sujet puisse susciter de la résistance dans mes formations. Pour un gestionnaire débordé, pris au milieu de feux à éteindre et qui travaille déjà des « heures de fou », l'empathie apparaît comme un luxe de temps, pour ne pas dire une perte de temps. « Écouter l'autre sans chercher à régler son problème ? Vous n'y pensez pas ! » ; « Le laisser "évacuer sa frustration" quand je suis déjà en retard à ma réunion ? Je peux pas me permettre de faire ça. » Je crois, au contraire, que si vous avez une routine de communication bien établie (cf. chapitre 2), qui correspond vraiment à vos objectifs, que vous la respectez et la faites respecter, vous avez le temps de faire preuve d'empathie. Le temps n'est pas un obstacle. Si écouter un employé avec empathie vous met en retard à une autre réunion, c'est peut-être que vous aviez mal planifié votre temps, que vous ne vous étiez pas préparé adéquatement ou que vous n'appliquez pas vraiment les principes de l'empathie. L'empathie est difficile à témoigner si on est soi-même impliqué dans la situation ou quand les émotions en présence nous touchent personnellement, soit parce qu'on les a déjà vécues, qu'on les vit au même moment ou parce qu'elles nous ont toujours été niées… Ce n'est pas parce que vous êtes gestionnaire que vous n'avez pas de sentiments ou d'émotions. Vous-même avez besoin d'évacuer des frustrations – peut-être les mêmes – et vous devriez le faire, mais pas en présence de ceux qui comptent sur vous pour les guider et les motiver.

AU CAFÉ DE L'EMPATHIE

À trente-cinq ans à peine, Marjorie est la plus jeune vice-présidente de son organisation. Elle a une portée de gestion de 25 gestionnaires et de 400 employés, répartis sur un grand territoire géographique. Comme nous l'avons vu dans sa routine de communication au chapitre 2, Marjorie tient à rester en contact avec la base[18]. Elle croit qu'on ne peut prendre de décisions sans tenir compte de l'impact qu'elles ont sur les employés qui doivent vivre avec jour après jour. Elle a donc inclus dans sa routine de communication une activité qui lui permet un contact direct avec les employés qui relèvent de sa vice-présidence, mais aussi avec

18 Voir *La routine de communication d'une vice-présidente*, p. 50.

des employés qui relèvent d'autres vice-présidences et qui sont touchés d'une façon ou d'une autre par ses décisions. Marjorie a elle-même mis sur pied cette activité (avec, bien sûr, l'aval des autres vice-présidents) qu'elle a baptisée : les cafés-rencontres.

Les cafés-rencontres sont des rencontres informelles d'une heure et demie auxquelles les employés s'inscrivent volontairement. Afin de permettre à chacun de s'exprimer et d'aller en profondeur, le nombre de participants est limité à dix. Si plus de personnes se montrent intéressées, elles s'inscrivent au prochain café-rencontre. Ces « cafés » se tiennent cinq fois par année dans chacune des régions, et le calendrier est connu un an à l'avance. Ils se déroulent en l'absence des gestionnaires de qui relèvent directement les employés, et tout ce qui y est dit est protégé par le sceau de la confidentialité.

L'objectif de Marjorie est d'« entendre ce qui va bien et ce qui va moins bien. Comme je fais les cafés-rencontres dans différentes régions, je suis capable de dégager des tendances, ce qui me permet de prendre de meilleures décisions par la suite ou même de corriger certaines situations en cours de route ». Chaque trimestre, Marjorie transmet à ses collègues et à ses collaborateurs les tendances qu'elle a vues se dessiner.

Ces rencontres, bien que très fertiles, sont exigeantes à plus d'un titre : le temps qu'elles demandent, avant, pendant et après, le courage et l'humilité nécessaires pour se retrouver face aux conséquences de ses décisions, la maîtrise de ses émotions et la rigueur de ne jamais oublier son rôle, ce qui signifie, entre autres, pouvoir contenir une tendance à apporter sur-le-champ des solutions. De l'aveu même de Marjorie, les premières minutes de ces rencontres sont toujours un peu malaisées, mais très tôt, les gens s'ouvrent, les sujets sont amenés librement et il arrive que des participants demandent à continuer la conversation... en entretien individuel.

Au cours d'un de ces cafés-rencontres, les bonnes intentions de Marjorie furent mises à rude épreuve. Une employée était manifestement venue pour se défouler de plusieurs frustrations et s'adressait à sa vice-présidente sur un ton très négatif: « Ç'a pas d'allure d'avoir fait ça ! Pourquoi vous avez fait ça de même ? Qu'est-ce que vous avez pensé ? », etc. Voyant qu'elle n'irait nulle part avec cette attitude qui polluait la rencontre, Marjorie a fini par dire : « Ce que je comprends, c'est qu'il y a beaucoup d'irritants. Je les ai pris en note et je vais vous les relire avant de partir pour être sûre de n'avoir rien oublié, mais pour le moment, j'aimerais qu'on se donne la possibilité de regarder ce qui va bien et j'aimerais commencer par vous », a-t-elle conclu en tournant vers l'employée négative un visage ouvert. Cette intervention a mis fin au déversement négatif.

Cependant, même si elle sentait que les « vibrations négatives » s'estompaient, Marjorie n'avait aucune certitude. À la fin de la rencontre, au moment de quitter la salle, l'employée lui a serré la main en lui disant « Merci », et Marjorie a senti que c'était plus qu'une simple formule de politesse, mais elle n'aurait pu en dire davantage. Après, elle a reçu un feedback plus complet, en provenance du gestionnaire de l'employée. Il lui a appris que dans l'après-midi qui avait suivi le café-rencontre, au début d'une réunion d'employés, cette femme s'était levée spontanément en disant : « J'ai quelque chose à vous dire. » Le gestionnaire a craint une nouvelle protestation. L'employée a continué : « Je viens tout juste de participer à un café-rencontre. J'étais allée pour faire valoir mes points et j'ai senti que je pouvais dire ce que je pensais. Je n'ai pas été jugée et je veux dire à tout le monde de se donner cette chance-là, de participer au café-rencontre. »

Cette histoire est exemplaire de ce que l'empathie peut faire pour le gestionnaire qui écoute et pour la personne qui parle. L'employée a senti – et l'a reconnu devant les autres – qu'elle pouvait parler sans être jugée. C'est exactement cela, l'écoute empathique. C'est aussi simple et aussi rare que cela. Il est clair, quand on constate l'effet qu'a eu cette rencontre sur cette femme, qu'elle n'avait pas souvent eu l'occasion de s'exprimer sans être jugée. Et elle était à la veille de la retraite ! Elle avait l'habitude de confronter les gestionnaires, et on peut penser que ces derniers alimentaient sa dynamique. J'ai bien sûr demandé à Marjorie ce que signifie pour elle l'empathie. « C'est le respect sincère des personnes. Dans ce qu'ils sont, dans leurs capacités et dans leurs choix », m'a-t-elle répondu.

Voici quelques conseils pour développer votre habileté à écouter avec empathie. Ce sont plus ou moins les principes de l'écoute active. Toutes les situations ne demandent pas que vous appliquiez tous les principes, à vous de voir jusqu'où il est nécessaire d'aller.

1. Relire, dans le troisième chapitre, la Stratégie 2 « Écouter avec ses oreilles » (p. 67).
2. Rester centré sur la question : « Quel est le sentiment, quelle est l'émotion de l'autre en ce moment ? » Cela signifie que vous devez oublier vos propres préoccupations et réserver votre jugement pour plus tard.
3. Nommer le sentiment ou l'émotion que vous percevez. Si vous vous trompez, l'autre vous le dira.
4. Si elles n'ont pas été exprimées, demander à l'autre les raisons de son sentiment et écouter la réponse. Cela peut s'avérer particulièrement exigeant quand vous êtes en complet désaccord avec l'autre. Encore une fois, retenez votre jugement et ne vous engagez pas dans un débat, mais restez ouvert.
5. Reformuler le point de vue si nécessaire. « Reformuler » n'est pas « interpréter » : quand vous reformulez ce que l'autre vous dit, essayez de ne pas le

modifier. En reformulant l'expression de l'autre, vous lui présentez en quelque sorte un miroir. La personne confirmera son point de vue ou le corrigera d'elle-même. Une fois que l'autre aura confirmé son sentiment, vous serez deux à l'avoir compris. À partir de cet instant, la recherche de solution pourra s'amorcer.

6. Demander à l'autre quelles solutions il envisage pour régler son problème. Attention ! Ce n'est pas parce que vous avez nommé un problème et que vous l'avez compris qu'il vous appartient. Reconnaissez toutefois le rôle que vous pouvez jouer dans la solution.

Empathie 101

Si vous avez encore un doute sur la pertinence de l'empathie dans vos fonctions, je vous soumets quatre situations de gestion et vous demande de juger du rôle de l'empathie dans leur dénouement.

Situation 1 – En rencontre individuelle, un employé à qui vous avez confié un nouveau mandat vous dit : « C'est la première fois que je travaille sur ce type de rapport. Je veux être sûr de faire ce dont vous avez besoin. J'aimerais que vous regardiez ce que j'ai fait jusqu'à présent… Je ne voudrais pas faire d'erreur. »

Une réponse empathique serait : « Oui, c'est toujours plus difficile lorsqu'on se charge d'un dossier pour la première fois. Je veux bien y jeter un œil et ce que je peux vous suggérer aussi, c'est de… »

Plutôt que de retourner l'employé bredouille en lui disant que vous n'avez pas le temps, vous avez commencé par reconnaître son sentiment : « Oui, c'est toujours plus difficile lorsqu'on se charge d'un dossier pour la première fois. » Ensuite, vous n'avez pas rejeté du revers de la main sa solution : « Je veux bien y jeter un œil », mais vous l'avez aussi mis sur la piste d'autres solutions : « et ce que je peux vous suggérer aussi, c'est de… » Vers quelle autre ressource (personne ou documentation) pourriez-vous diriger l'employé pour qu'il puisse être rassuré ?

Situation 2 – Dans une réunion avec vos pairs, vous annoncez que vous n'engagerez pas d'employé supplémentaire dans votre équipe de soutien. L'un de vos collègues réagit ainsi : « Ah ! Je comptais là-dessus... C'est pas l'idéal... Ça va avoir un impact sur les équipes de production. »

Une réponse empathique pourrait être : « Je comprends ta déception et votre attente à tous par rapport à cette embauche. Pouvons-nous trouver une solution ? »

Comparez avec : « Même si vous n'êtes pas d'accord, c'est la décision qui a été prise, je suis désolé. » La réponse empathique vous permet d'engager un véritable échange avec vos collègues et projettera l'image d'un gestionnaire davantage en contrôle de la situation que victime des décisions. Afin de ne pas hypothéquer le temps de la réunion, vous pourriez proposer une autre rencontre pour discuter des alternatives ou demander qu'on vous envoie les suggestions d'une façon qui convienne à tous.

Situation 3 – Vous êtes au téléphone avec un de vos fournisseurs de longue date, et il vous dit : « Vous me donnez toujours des délais trop courts pour faire le travail. Et vous voulez que je baisse mes tarifs en plus ! »

Le ton de sa voix ne laisse pas de place au doute : il est fâché. Reconnaissez-le et un dialogue semblable au suivant pourrait s'engager.

Vous: Si je comprends bien, vous êtes fâché.

Lui: Oui, je suis fâché.

Vous: Pourquoi ?

Lui: Je me fends en quatre pour respecter vos délais et vous me remerciez en me demandant de baisser mes tarifs ! C'est insultant ! Depuis le temps qu'on travaille ensemble...

Vous: Je comprends, mais c'est la première fois que vous me parlez des délais…

Lui: En fait, disons que ç'a été les deux, trois dernières commandes… *(Le ton a commencé à s'adoucir.)*

Vous: Qu'est-ce qui s'est passé ?

Je vous laisse inventer la suite et la conclusion de cet appel. Précisons que c'est un fournisseur auquel vous tenez. Pour saisir la différence que peut faire l'écoute empathique, imaginez la conversation si vous aviez répondu : « Si vous n'êtes pas content, on va aller voir ailleurs. »

Situation 4 – Vous recevez un courriel de votre gestionnaire : « Jean, les résultats de l'analyse devaient m'être envoyés lundi. Nous sommes mercredi et je n'ai toujours rien reçu. S.V.P., faire un suivi dans les plus brefs délais. Comité de direction vendredi 8 h. »

Réponse possible : « Je vous envoie ci-joints les rapports demandés. Excusez-moi pour le retard, je suis conscient que cela diminue votre temps de préparation pour le comité de direction. Je vous propose mon aide pour la préparation de la réunion. » Cette réponse témoigne de votre empathie et de votre habileté à vous excuser.

Questions pour ma coach sur l'empathie

J'ai peur de me faire manipuler en faisant preuve d'empathie. N'y a-t-il pas un risque ?

Cette question m'est venue d'un gestionnaire aux prises avec un employé qui accumulait les déboires dans sa vie personnelle. Difficultés de couple qui ont finalement mené au divorce, maladie d'un des parents, troubles scolaires des enfants. L'employé, que le patron avait d'abord écouté avec compassion (sentiment qu'il confondait avec l'empathie), utilisait ses ennuis personnels pour excuser sa piètre performance, ses absences sans préavis, ses retards devenus quotidiens, etc. « Excusez-moi, c'est parce que, à la maison... » Le gestionnaire se sentait « piégé ».

Comme patron, vous avez une responsabilité de rendement envers votre employeur, mais vous avez aussi une responsabilité sociale envers les employés. Cependant, n'oubliez jamais que vous représentez l'employeur. Si vous accommodez un employé vivant une situation difficile, cet employé sera reconnaissant envers vous et envers l'organisation. Par contre, si la situation se répète encore et encore, je vous recommande fortement de demander l'aide du service des ressources humaines de l'entreprise. Dès l'instant où vous vous sentez mal à l'aise devant cet employé, avisez. S'il n'y a pas de service des ressources humaines, parlez-en à un collègue de même niveau hiérarchique ou à votre patron.

J'ai l'impression de perdre de l'autorité quand je ne réponds pas avec la solution. Est-ce que je me trompe ?

En général, les employés viennent voir leur gestionnaire pour valider des pistes, ils ne s'attendent pas à ce que vous trouviez la solution pour eux. Par contre, si vous avez installé un mode de fonctionnement question-réponse, vous avez créé un rapport de dépendance et vos employés s'attendent, en effet, à ce que vous leur proposiez des solutions. Vous pouvez changer ce *pattern*, mais il faudra être patient. Quand vous écoutez avec empathie, la personne en face de vous trouve sa propre réponse. Tout ce que vous avez à faire est de donner votre assentiment. Vous ne perdez pas votre autorité, bien au contraire, vous avez ce que j'appelle une « autorité tranquille », inspirante.

Est-ce qu'il y a un âge limite pour apprendre à écouter ?

J'aurais envie de vous répondre par une autre question : est-ce qu'il y a un âge limite pour apprendre ? Je ne crois pas. Évidemment, si, toute votre vie, vous avez été en mode réponse et n'avez jamais pratiqué l'écoute empathique, il sera difficile de vous débarrasser de vos habitudes. Fixez-vous des objectifs réalistes, reconnaissez vos efforts, mesurez vos progrès. N'hésitez pas à aller chercher du soutien. Comme pour toute nouvelle habitude que l'on tente d'acquérir (exercice physique, alimentation, mode de vie, etc.), on préserve sa motivation et on obtient de meilleurs résultats quand on est bien accompagné et solidement encouragé.

Est-ce qu'il y a des trucs pour apprendre à se taire ?

Il y en a plusieurs. C'est d'abord une question d'attitude : soyez curieux. Intéressez-vous à ce que l'autre vous dit. Puis, regardez-le ! Regardez la personne qui vous parle et observez son langage non verbal. Admettez que vous n'avez pas toutes les réponses et demandez à l'autre : « Qu'est-ce que tu en penses ? » Observez comment il réagit. Prenez du plaisir à écouter. Vous deviendrez un interlocuteur plus intéressant et plus inspirant.

Mon plan d'action pour faire preuve d'empathie

L'empathie est un processus de compréhension qui fait appel à votre capacité à retenir votre jugement. Pour accroître cette capacité, il faut apprendre à se taire et à ne pas juger.

1 – Identifier un sentiment ou une émotion et en comprendre les raisons

1. Arrêtez-vous et demandez-vous : « Quel est mon sentiment en ce moment ? » Si vous avez du mal à identifier un sentiment ou une émotion, voici une liste qui pourrait vous inspirer : la joie, la peine, la tristesse, la colère, la frustration, le sentiment d'injustice, l'agacement, l'angoisse, l'insécurité, la peur, le dégoût, le désespoir, la honte, l'orgueil, le remords, la jalousie, l'envie, la lassitude, la culpabilité, la fierté, l'indifférence… Maintenant, fermez le livre, fermez les yeux.
2. Une fois le sentiment identifié, demandez-vous ce qui l'a provoqué. Quelles sont les raisons derrière ce sentiment ?
3. Ne jugez pas si ces raisons sont bonnes ou mauvaises, ridicules ou sérieuses, contentez-vous de les nommer et de voir si elles ne cachent pas autre chose.
4. Exercez-vous avec tout ce qui vous tombe sous la main : le courriel d'un ami, une remarque de votre ado, la bouderie de votre conjoint, le sourire d'un collègue, la question supposément déplacée d'un employé, le choix d'une coiffure, d'un vêtement chez un inconnu que vous croisez. Ne jugez pas si cela est beau ou laid, mais essayez de découvrir le sentiment qu'éprouve cette personne et spéculez sur les raisons de son choix.

2 – Appliquer l'écoute empathique et mesurer mes progrès

1. Appliquez les principes de l'écoute empathique exposés dans le « Petit mode d'emploi de l'empathie » (p. 174) à trois occasions cette semaine.

   ____

   ____

   ____

2. Évaluez l'expérience.
   a. Avez-vous réussi à écouter l'autre sans porter de jugement sur sa personne ou sur ce qu'il disait ?
   - ❑ Complètement
   - ❑ Partiellement
   - ❑ Un peu
   - ❑ Très peu
   - ❑ Pas du tout

   Si vous n'avez que très peu réussi, ou pas du tout, qu'est-ce qui vous a nui ? ____________________

   Comment pourrez-vous contourner cet obstacle la prochaine fois ? __________________________

   b. Avez-vous prêté attention au langage non verbal de l'autre ?
   - ❑ Un peu
   - ❑ Beaucoup
   - ❑ J'ai complètement oublié !

   Si vous l'avez fait, est-ce que cela vous a permis d'apprendre quelque chose au-delà des mots ?
   - ❑ Oui
   - ❑ Non
   - ❑ Je ne suis pas certain(e)

   c. Qu'allez-vous refaire de la même façon la prochaine fois et qu'allez-vous faire différemment ?

d. Refaites votre évaluation après chaque occasion et reconnaissez vos progrès par rapport à la première.
Première occasion : ____ /100
Deuxième occasion : ____ /100
Troisième occasion : ____ /100

3. Mesurez l'impact. Même si vous n'avez réussi que partiellement, avez-vous remarqué une différence dans la qualité de l'échange ? ❑ Oui ❑ Non
4. Qu'est-ce qui était différent ?

____

____

____

Règle n° 10

Cultiver l'excellence

En guise de conclusion, je vous lance le défi de continuer. Quand vous aurez terminé ce dernier chapitre, vous aurez appris les 10 règles de communication des leaders et vous aurez, je le souhaite, commencé à les mettre en pratique.

EN DEVENANT GESTIONNAIRE, vous n'avez pas choisi la voie de la facilité. Mais c'est le choix que vous avez fait. Si vous aspirez à devenir un gestionnaire inspirant, c'est que, malgré la difficulté, vous aimez ce que vous faites et vous voulez le faire encore mieux. Vous voulez faire une différence. Vous visez l'excellence. Vous êtes sur la bonne voie en reconnaissant que la communication fait partie de vos compétences au même titre que toutes les autres qui vous ont permis de gravir les échelons. Comme toutes vos autres compétences, elle se cultive et se perfectionne.

J'ai commencé ce livre en parlant de la responsabilité de la communication que les organisations confient à leurs gestionnaires, puis j'ai exposé les règles qui, quand elles sont appliquées, vous permettent d'assumer pleinement cette responsabilité. Vous voilà rendu à la dixième règle de communication des leaders. Si vous avez commencé par la fin, ce n'est pas important : cette règle aurait tout aussi bien pu être la première. De fait, si vous cherchez à mieux communiquer, c'est parce que vous savez que vous êtes responsable de la communication. Vous le savez parce que vous avez observé des gestionnaires inspirants qui amenaient leurs troupes à se dépasser ou vous le savez parce qu'on vous l'a dit, parce qu'on vous a demandé de rendre des comptes. En tant que gestionnaire, c'est à vous que revient la tâche de « livrer les messages ». Jour après jour. Dans la tempête, souvent.

Tout au long du livre, vous avez été appelé à faire de l'introspection, que ce soit sur votre style personnel de communication, votre cohérence, votre usage des canaux formels et informels ou votre préparation. Pour chacune des règles, je vous ai proposé d'entreprendre des actions. Si vous avez cerné des actions et que vous les avez entreprises, vous avez déjà vu une amélioration et êtes peut-être déjà satisfait. Ou encore, vous vous dites que vous le ferez… plus tard. Il se peut aussi que vous n'ayez encore rien entrepris, que vous ayez seulement envisagé la possibilité de le faire, que vous jongliez avec l'idée. Avant de fermer ce livre et de le ranger pour ne plus jamais l'ouvrir, je vous propose d'aller au bout de l'aventure en dressant votre plan de développement.

À la lecture de cet ouvrage, plus particulièrement dans les plans d'action, vous avez pu reconnaître vos points forts et vos points faibles. Qu'est-ce que vous voulez garder et qu'est-ce que vous pouvez améliorer, en commençant dès maintenant ? Répondez spontanément : après avoir pris connaissance des neuf autres règles de communication des leaders, que pourriez-vous faire dans votre vie de tous les jours pour améliorer la qualité de votre communication ? Je ne vous demande pas de cibler cinq actions ni même trois, mais une seule.

Ne perdez pas de vue vos forces, vos caractéristiques essentielles en tant que gestionnaire. Rappelez-vous qu'il n'y a pas deux gestionnaires pareils, mais que tous sont devant les mêmes défis. À la fin de mes formations, les buts que se fixent les participants ressemblent à ceci : « Comprendre que tout le monde ne communique pas comme moi, toujours me demander quel est le but de ma communication et dans quel état d'esprit sont les gens à qui je vais parler, écouter davantage, mieux me préparer, organiser mes communications, faire plus d'informel avec les autres unités, écrire moins de courriels et prendre le téléphone plus souvent, arrêter de tenir pour acquis que les gens savent de quoi je parle », etc.

À partir du moment où vous accepterez que vous êtes responsable à 100 % de l'impact que vous avez sur les gens, vous accorderez à la communication tout le sérieux qu'elle mérite dans votre gestion. Vous lui consacrerez le temps nécessaire, vous la planifierez et prendrez la peine d'observer l'impact que vous avez ou n'avez pas. Vous continuerez de lire sur le sujet, de suivre des formations qui encadreront vos efforts et vous permettront de rencontrer d'autres gestionnaires aux prises avec les mêmes défis que vous, vous déciderez peut-être même de vous engager dans un processus de coaching.

Je suis heureuse que vous ayez pris du recul, le temps de lire ce livre et de réfléchir à votre rôle. J'espère qu'il vous aura inspiré, qu'il vous aura donné envie de mieux communiquer et de faire une différence. J'espère qu'il vous aura outillé pour cultiver l'excellence. Je ne doute pas que vous trouverez le courage de mettre en pratique ses conseils et recommandations. Et je ne doute pas que vous verrez des résultats. Si vous voulez me faire part de vos commentaires, faire le test Indicateur du style personnel de communication (ISPC), obtenir des copies supplémentaires des plans d'action ou vous inscrire à l'une de mes sessions publiques, n'hésitez pas à m'écrire à l'adresse qui apparaît sur mon site : lord-communication.com.

Mon plan de développement pour devenir un gestionnaire inspirant

1 – Réaffirmer mon choix

› Pourquoi suis-je devenu gestionnaire ?
› Quelles sont les qualités essentielles qui font de moi un bon gestionnaire ?
› Quelles sont mes forces comme gestionnaire ? Comment vont-elles m'aider à devenir plus inspirant ?

2 – Revoir mes plans d'action (à la fin des chapitres)

› Qu'est-ce qu'il me reste à faire pour :

1. améliorer/corriger mon style personnel de communication ?
2. mieux gérer mes communications ?
   a. Est-ce que j'ai établi ma routine de communication ?
   ❑ Oui
   ❑ Non
3. mieux me préparer mentalement ?
4. choisir le bon canal ?
5. mieux utiliser les réseaux informels ?
6. être et rester crédible ?
7. être et rester cohérent ?
8. être clair ?
9. faire preuve d'empathie ?

› Qu'est-ce que je trouve le plus difficile ?
› Qu'est-ce qui pourrait m'aider ?

3 – Me fixer un but, cibler une action

› Au cours du prochain trimestre, j'aimerais m'améliorer sur : ______________________

____

› Ce que je ferai pour y arriver : ______________________

____

Lectures inspirantes

Booher, Dianna, *The Voice of Authority. 10 Communications Strategies Every Leader Needs to Know*, New York, McGraw-Hill, 2007, 208 p.

Bourret, Mireille, *La Puissance de l'empathie*, Montréal, Éditions Quebecor, 2010, 144 p.

Carabin, Thierry M., *Testez vos aptitudes à communiquer. Guide pratique pour améliorer votre communication*, Paris, Éditions de Vecchi, 1994, 157 p.

Comtois, René-Louis, *Gérer et animer ses réunions*, Montréal, Éditions Quebecor, 2010, 208 p.

Cormier, Solange, *Dénouer les conflits relationnels en milieu de travail*, Sainte-Foy, Presses de l'Université du Québec, 2004, 188 p.

Cormier, Solange, *La Communication et la Gestion*, Montréal, Presses de l'Université du Québec, 2006, 247 p.

Crosby, P., *The Absolutes of Leadership*, San Francisco, Jossey-Bass, 1997, 144 p.

Fabart, Patrice, *Révélez le manager qui est en vous ! La Méthode Arc-en-ciel®*, Cormelles-le-Royal, Éditions EMS, 2005, 284 p.

Goleman, Daniel et coll., *Primal Leadership. Realizing the Power of Emotional Intelligence*, Boston, Harvard Business School Press, 2002, 352 p.

Harvard Business Review, *Harvard Business Review on What Makes a Leader*, Boston, Harvard Business School Press, 2001, 210 p.

Harvard Business School Press, *Face-to-Face Communications for Clarity and Impact*, Boston, Harvard Business School Press, The Results-Driven Manager Series, 2004, 172 p.

Lee, Robert J. et Sarah N. King, *Discovering the Leader in You. A Guide to Realizing Your Personal Leadership Potential*, San Francisco, Jossey-Bass, 2000, 192 p.

Malandro, Loretta, *Say It Right the First Time*, New York, McGraw-Hill, 2003, 240 p.

Maurer, Rick, *Beyond the Wall of Resistance. Unconventional Strategies that Build Support for Change*, Austin, Bard Press, 1995, 208 p.

Maurer, Rick, *Why Don't You Want What I Want?: How to Win Support for Your Ideas without Hard Sell, Manipulation or Power Plays*, Austin, Bard Press, 2002, 192 p.

Merrill, David W. et Roger H. Reid, *Personal Styles and Effective Performance. Make Your Style Work for You*, Boca Raton, CRC Press, 1981, 248 p.

Shipley, David, *Send. Why People Email So Badly and How to Do It Better*, New York, Alfred A. Knopf, 2008, 288 p.

Watkins, Michael, *Les 90 Jours pour réussir sa prise de poste*, Paris, coll. « Village Mondial », Pearson Éducation France, 2006, 239 p.

Zack, Devora, *Réseauter quand on déteste réseauter. Un guide pratique à l'intention des personnes introverties, débordées ou isolées*, Montréal, Éditions Transcontinental, 2010, 175 p.